LA PEINTURE SUR BOIS

PEINTURE DECORATIVE

La peinture décorative révèle des possibilités infinies. Elle s'applique sur tous supports et est destinée à tous les passionnés de relooking, à tous ceux qui aiment les effets trompeurs et les faux-semblants, à tous ceux qui veulent faire du neuf avec du vieux et inversement. Ici la peinture s'applique sur des supports en bois : meubles de récup, panneaux muraux, formes en medium, petits cadres…
Tout est prétexte au détournement avec des techniques simples expliquées en pas à pas. Suivez l'artiste, et à vos pinceaux sans tarder.

Créativement vôtre,

Viviane Rousset

Groseilles
2007

sommaire

Histoire de poule
le poulet domestique
descend sans doute
du coq doré
gallus gallus
gallinacé sauvage du sud est
asiatique

Les techniques

Le report du motif

Matériel

- *pointe sèche*
- *feuille de papier report de couleur*
- *calque*

1 Intercaler le papier report entre le tissu et le calque et décalquer le motif avec la pointe sèche.

2 Vérifier la netteté du report.

Fabriquer un pochoir

Matériel

- *tapis de découpe*
- *cutter*
- *feuille de bristol*
- *feutre noir*

1 Tracer nettement les contours du dessin au feutre noir.

2 Placer le dessin sur le tapis de découpe et évider le motif avec le cutter.

PEINDRE AU POCHOIR

Matériel

- *pinceau à pocher*
- *peinture acrylique*
- *papier absorbant*
- *colle repositionnable*

1 Mettre une protection sous le pochoir pour éviter les projections. Vaporiser de la colle repositionnable sur l'envers du motif.

2 Prendre la peinture sur le pinceau, essuyer l'excédent sur du papier absorbant et commencer à pocher les bords du motif, pour finir par le centre.

3/4 Vérifier le travail avant d'enlever totalement le pochoir.

Peindre des volutes en grisaille

Matériel

- *pinceau biseauté* • *pinceau pointu n°3* • *pinceau fileur*

Fournitures

- *peinture acrylique : gris, terre d'ombre brûlée et blanc*
- *retardateur* • *pot d'eau*

1 A l'aide du pinceau biseauté, peindre le motif en gris, mettre un peu de retardateur dans la peinture acrylique.

2 Avec le pinceau pointu et dans la peinture encore fraîche, peindre des lumières blanches, sur les parties rondes de la volute.

3 A l'aide du fileur, souligner le dessous des volutes d'un petit trait brun ou gris foncé, pour donner le relief.

1

2

3

1
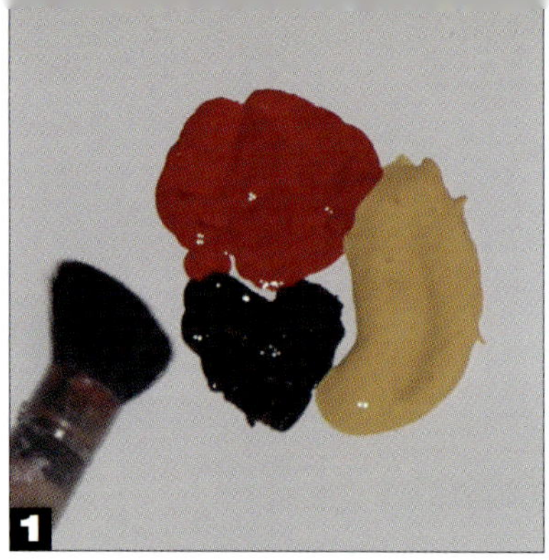

2

3
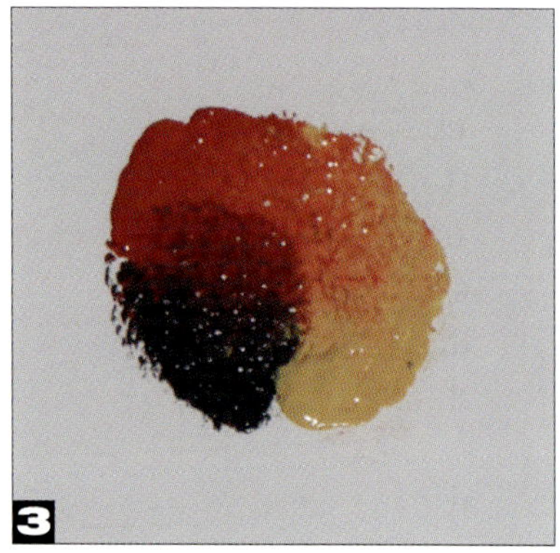

Le putoisage

Matériel

- *pinceau pointu à putoiser*

Fournitures

- *peinture acrylique*
- *retardateur*

1 Mettre quelques gouttes de retardateur dans les couleurs.

2 Tapoter les peintures en tenant le pinceau bien droit. Commencer de préférence par les couleurs claires.

3 Le résultat obtenu.

Putoiser est très utile, pour mêler des couleurs entre elles, sans coups de pinceau visibles.

LA DENTELLE

Matériel

- *pinceau pointu n°3*

Fournitures

- *peinture acrylique : blanc, terre d'ombre brûlée*
- *retardateur*
- *medium transparent*
- *gomme de masquage*

1 Reporter le motif avec un papier report blanc. A l'aide du pinceau pointu, étendre de la gomme de masquage sur le pourtour de la dentelle et sur les trous pour faire une réserve.

2 Préparer un glacis blanc : 1 part de retardateur + 1 part de medium transparent + 1/4 de part de blanc. Etendre le glacis sur l'ensemble de la dentelle.

3 Laisser sécher et enlever la gomme de masquage en frottant avec le doigt.

4 Peindre les ombres portées. Faire un glacis terre d'ombre brûlée (terre d'ombre + retardateur) et appliquer au pinceau à droite de la dentelle. Avec un blanc pur, reprendre les contours de la dentelle ainsi que les motifs intérieurs.

CONSEIL

Pour réussir les tracés au pinceau, la peinture doit être très fluide.

1

2

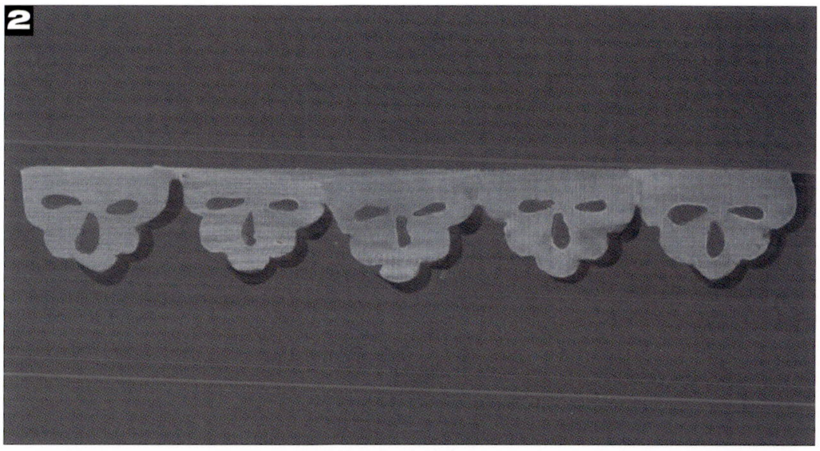

3

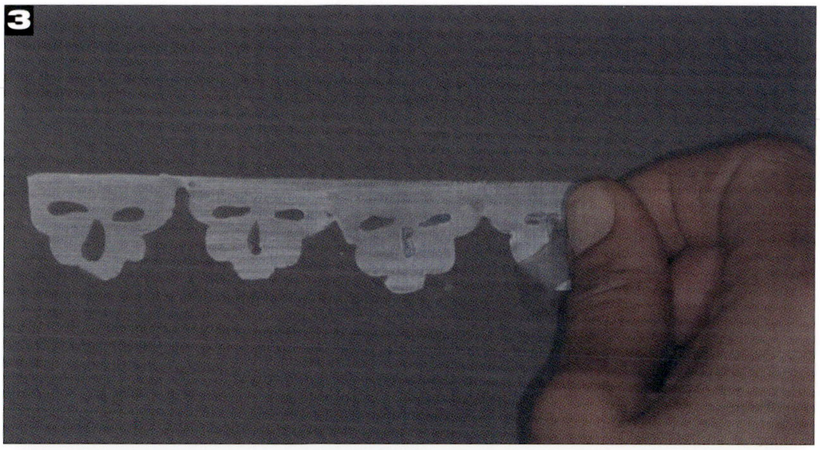

4

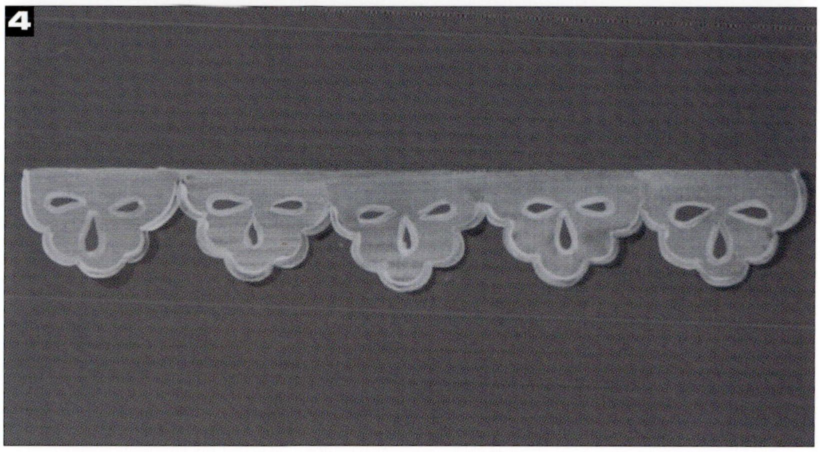

EFFET PLANCHE EN BOIS BLANCHI

Matériel

● *pinceau plat*
● *pinceau fileur*
● *papier de verre moyen* ● *règle*

Fournitures

● *peinture acrylique : blanc, gris*
● *retardateur*

1 Prendre la peinture blanche, sans la diluer, et décharger le pinceau sur le papier de verre.

2 Peindre la toile ou le bois en juxtaposant les coups de pinceau. Reprendre de la peinture si nécessaire sans oublier de décharger le pinceau à chaque fois sur le papier de verre. Laisser sécher.

3 Préparer une peinture grise diluée avec le retardateur. Avec le pinceau fileur et la règle, tracer les séparations de planche.
Tenir la règle sur la tranche et faire glisser le manche du pinceau dessus.

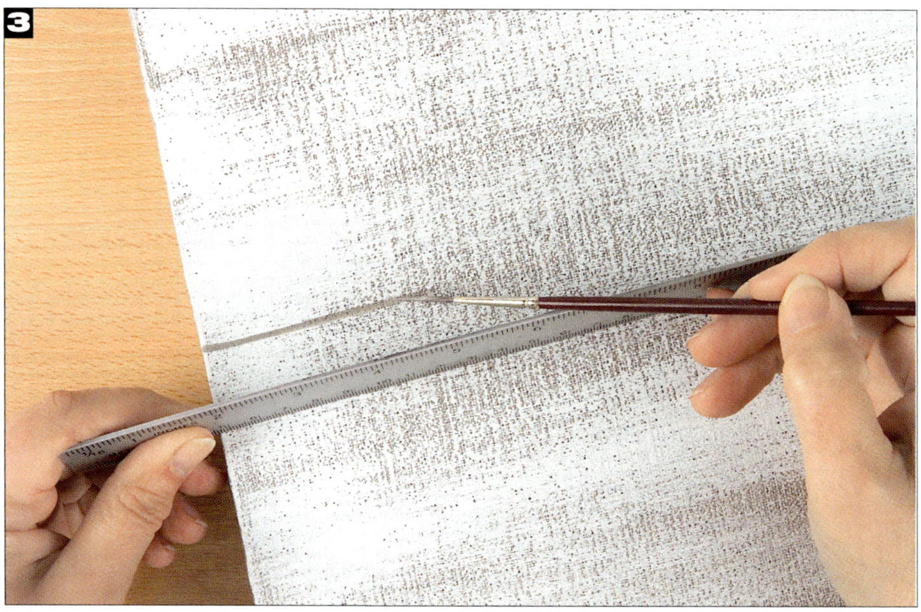

Peindre un rebord

Matériel

- *pinceau plat en mousse*

Fournitures

- *peinture acrylique* • *retardateur*

Préparer la peinture avec du retardateur. Imbiber le côté du pinceau. Passer la tranche du pinceau sur le rebord à peindre.

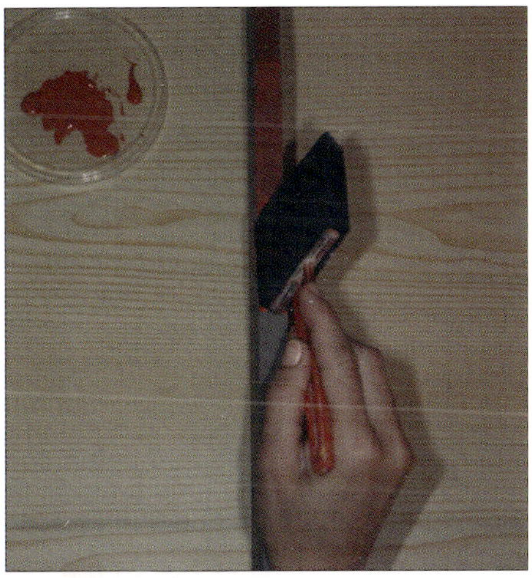

Peindre un filet

Matériel

- *pinceau plat biseauté* • *règle*

Fournitures

- *peinture acrylique* • *retardateur*

Préparer un glacis avec de la terre d'ombre brûlée et du retardateur. Tenir la règle légèrement relevée. Tracer le filet en appuyant la virole du pinceau sur la règle.

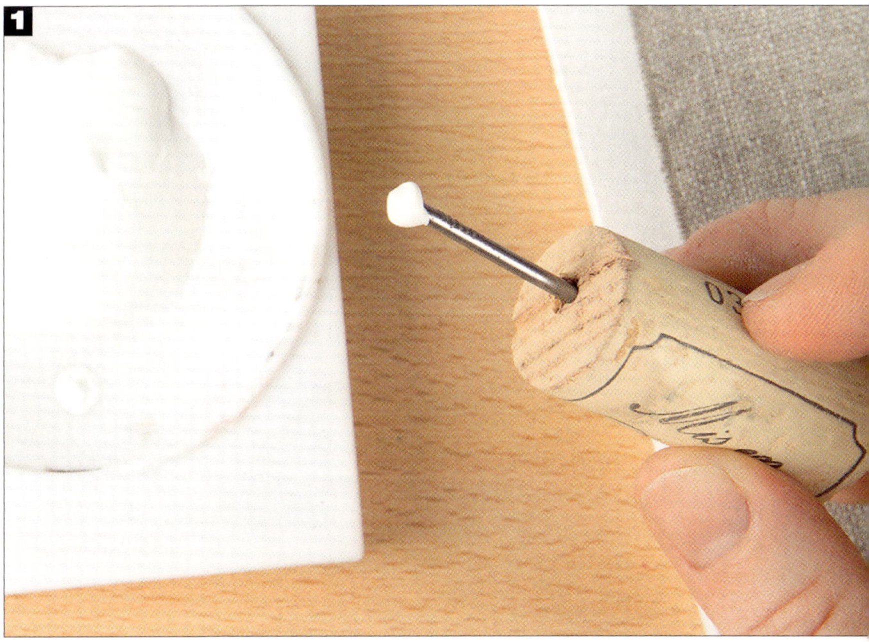

Le perlé

Matériel

- *clou à tête plate*
- *bouchon en liège*

Fournitures

- *peinture acrylique blanche*

1 Enfoncer le clou d'1/4 dans le bouchon en liège. Bien charger la tête du clou avec la peinture acrylique.

2 Appliquer sur la toile, à la manière d'un tampon. Pour un perlé bien net, recharger de peinture à chaque application.

Des meubles relookés

Un petit buffet ordinaire retrouve une seconde jeunesse grâce aux coups de pinceau inspiré de la décoratrice qui a eu l'idée de les transformer en meuble à thème rigolo.

Le meuble lapins

Derrière le fin grillage, d'adorables petits lapins de ferme lovés dans la paille fraîche vous regarde d'un air tranquille.

Matériel

- pinceau plat de 3 cm
- pinceaux pointus n°1 et 3
- pinceau à putoiser pied de biche

Le support

- meuble de récupération en bois brut 43 cm x 78 cm

Fournitures

- peinture acrylique : blanc, terre d'ocre, terre d'ombre brûlée, noisette, noir
- retardateur
- papier report
- vernis acrylique mat

COMMENT FAIRE

Préparation

Passer une couche de vernis mat sur le support.
Peindre en terre d'ocre la totalité du meuble.

Réalisation du motif

✔ Peindre le faux-bois en suivant le pas à pas ci-contre. Laisser sécher et reporter le motif (voir dessin page 48 et le pas à pas page 13) à l'aide du papier report.

✔ Peindre les lapins en blanc. Laisser sécher. Peindre à nouveau les lapins en terre d'ocre.

✔ Passer une fine couche de retardateur sur le motif. Sur les parties supérieures du dos, les pattes et la tête des lapins, déposer de la couleur noisette en suivant les pas à pas page 13. Putoiser de haut en bas (voir technique page 6).

✔ Peindre en blanc les poils des lapins. Laisser sécher et reporter le motif du grillage (voir dessin page 48). Peindre le grillage en gris (blanc + noir) en suivant le pas à pas page 13.

L'ardoise

Une ardoise chinée prend des airs de campagne pour décorer une cuisine rustique.

MATÉRIEL
- pinceau plat de 3 cm
- pinceaux pointus n°1 et 3
- pinceau à putoiser pied de biche

SUPPORT
- cadre ardoise de 27 cm x 43 cm
- panneau amovible de 12 cm x 23 cm

FOURNITURES
- peinture acrylique : blanc, terre d'ocre, terre d'ombre brûlée, noisette, noir
- retardateur
- papier report
- vernis acrylique mat
- grillage à poule fin de 13 cm x 24 cm

COMMENT FAIRE

PRÉPARATION
Passer une couche de vernis mat sur le support. Peindre en terre d'ocre le tour du cadre ainsi que le panneau amovible.

RÉALISATION DU MOTIF
✔ Peindre le faux-bois en suivant le pas à pas ci-contre. Laisser sécher et reporter le motif (voir dessin page 48) à l'aide du papier report.
✔ Peindre le lapin en blanc. Laisser sécher. Peindre à nouveau le lapin en terre d'ocre.
✔ Passer une fine couche de retardateur sur le motif. Sur les parties supérieures du dos, les pattes et la tête, déposer de la couleur noisette en suivant le pas à pas ci-contre. Putoiser de haut en bas (voir technique page 6).
✔ Peindre en blanc les poils du lapin. Fixer le grillage en s'inspirant de la photo.

PAS À PAS
LES LAPINS

▶ Les poils
1 Peindre le lapin en terre d'ocre. Passer une couche de retardateur sur la totalité du lapin. Déposer un trait de peinture brun moyen, sur le contour supérieur du lapin et l'intérieur des oreilles. Putoiser pour adoucir et étendre l'ombre. Peindre de la même manière l'ombre du contour de la joue, en l'accentuant davantage. Laisser sécher

2 Avec le pinceau pointu n°1, peindre les poils en blanc en tirant les traits de pinceau de l'intérieur vers l'extérieur. Reporter l'œil.

▶ L'œil
1 Peindre l'intérieur de l'œil en noir.

2 Sans laisser sécher, peindre un trait blanc sur la base inférieure. Laisser sécher. Peindre des lumières en blanc dans l'iris.

3 Cerner le contour de l'œil avec de la terre d'ombre brûlée.

▶ Le faux bois
1 Peindre le fond en terre d'ocre. Laisser sécher. Passer une couche de retardateur. A l'aide du pinceau plat, recouvrir avec un glacis brun moyen. Laisser sécher.

2 Peindre les détails en terre d'ombre brûlée. Accentuer les ombres autour des chevilles de bois.

▶ Le grillage
1 Peindre le grillage en gris moyen. Laisser sécher.

2 Peindre les ombres en noir sur la partie droite. Peindre les lumières en blanc sur la partie gauche du grillage.

COULEURS COMPOSÉES
Brun moyen : *1 part d'ombre brûlée + 1 part de noisette*

Gris moyen : *1 part de blanc + 1 part de noir*

Les poils

1

2

L'œil

1

2

3

Le faux bois

1

2

Le grillage

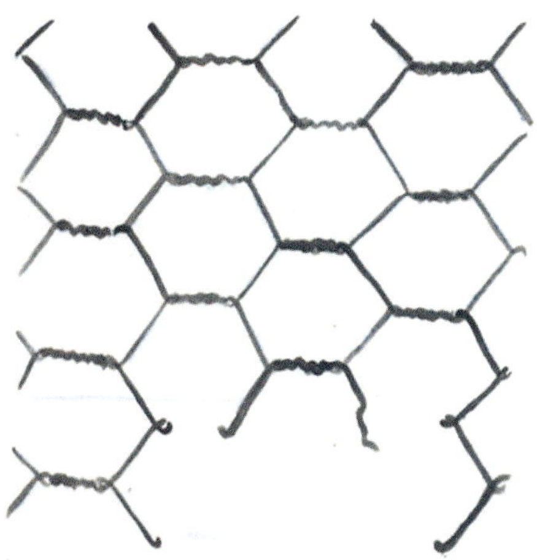

1

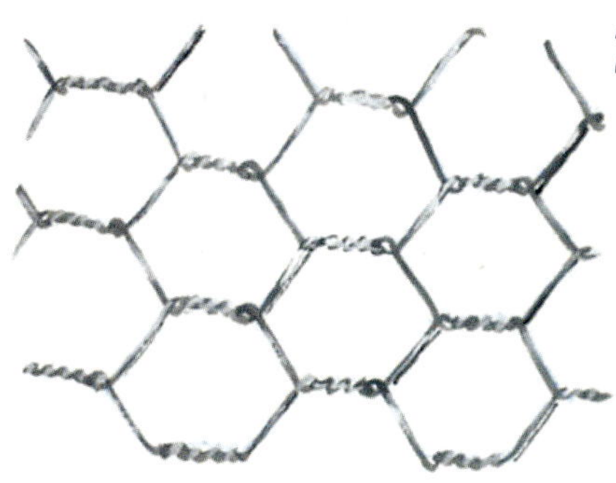

2

Le meuble citrouilles

Un air d'ancien cellier, un brin fête d'Halloween, ce meuble s'invite chez vous à l'intérieur comme dans le jardin.

MATÉRIEL

- pinceau plat de 5 cm
- pinceau fileur fin
- pinceaux pointus n°3 et 6
- pinceau à putoiser pied de biche
- règle

SUPPORT

- meuble de récupération en bois brut, 2 panneaux de 62 cm x 28 cm

FOURNITURES

- peinture acrylique : blanc, terre d'ocre, terre d'ombre brûlée, jaune bouton d'or, bleu antique, orangé, coquelicot, noir
- retardateur
- papier report
- vernis acrylique mat
- papier de verre fin

COMMENT FAIRE

PRÉPARATION

Passer une couche de vernis mat sur le support.
Peindre en noir l'ensemble du meuble.
Laisser sécher. Déposer une fine couche de retardateur, sur le support. Préparer un glacis bleu-grisé (1 part de noir + 1 part de blanc + 5 parts de bleu antique + retardateur).
Passer le glacis dans le sens de la hauteur. Laisser sécher.
Pour un effet usé: poncer les parties basses et le contour du meuble.

RÉALISATION DU MOTIF

✔ Reporter les 3 motifs (voir pages 48 à 50) en s'inspirant de la photo.
✔ Peindre les rayons en les délimitant. Avec la règle et le pinceau fileur, tracer un trait blanc sur la partie supérieure et un trait noir sur la partie inférieure (voir technique page 9).
✔ Peindre les torchons et les citrouilles en blanc. Laisser sécher. Peindre les citrouilles, les torchons et la brosse en suivant le pas à pas pages 16 et 17.
✔ Le travail terminé, vernir avec le vernis acrylique.

PAS A PAS

CITROUILLES

▶ Torchons et brosses

1 Peindre les torchons en grège. Délimiter les torchons au crayon de papier. Passer du retardateur. Peindre les ombres en gris, adoucir avec un pinceau sec. Laisser sécher. Peindre le socle de la brosse en terre d'ocre et les masses de poils en gris clair. Laisser sécher. Peindre en terre d'ombre brûlée l'ombre à la base de la brosse. Avec un pinceau fin, peindre les poils en terre d'ombre brûlée et terre d'ocre.

2 Peindre la broderie des torchons en rouge coquelicot, par des petits coups de pinceau rapprochés. Peindre l'ombre portée de la brosse en gris. Peindre une lumière gris clair, à la base du départ des poils.

▶ La citrouille entière

1 Peindre la citrouille en blanc. Passer du retardateur sur l'ensemble de la citrouille. Travailler quartier par quartier, peindre un trait de terre d'ocre de chaque côté du quartier. Avec le putoiseur, tapoter les traits ocre pour ramener la teinte au centre. Laisser sécher.

2 Recommencer la même opération en remplaçant le jaune par l'orangé.

3 Peindre les ombres : passer du retardateur, tirer un trait terre d'ombre brûlée sur la gauche des quartiers et putoiser en se déplaçant sur la droite.

4 Peindre la queue en vert antique très dilué, peindre les stries en vert antique pur.

▶ La tranche de citrouille

1 Peindre la tranche de citrouille en blanc. Passer du retardateur uniquement sur l'intérieur de la tranche de citrouille. Peindre en terre d'ocre, sans peindre les graines qui restent blanches. Peindre la peau en terre d'ocre. Laisser sécher.

2 Passer du retardateur sur l'ensemble. Peindre un trait orangé à la lisière de la tranche. L'étendre avec le putoiseur en descendant vers la peau. Peindre la peau en orangé. Laisser sécher. Remettre du retardateur sur la peau, tirer un trait terre d'ombre brûlée à la frontière des deux teintes et l'étendre au putoiseur. Accentuer l'ombre sur le dessous de la courge. Repeindre les graines en blanc si nécessaire.

COULEURS COMPOSÉES

Grège : *1 part de blanc + 1 pointe de terre d'ocre + 1 pointe de terre d'ombre brûlée*

Gris : *1 part de blanc + 1/4 de part de noir -* ***Gris clair :*** *2 parts de blancs + 1/4 de noir*

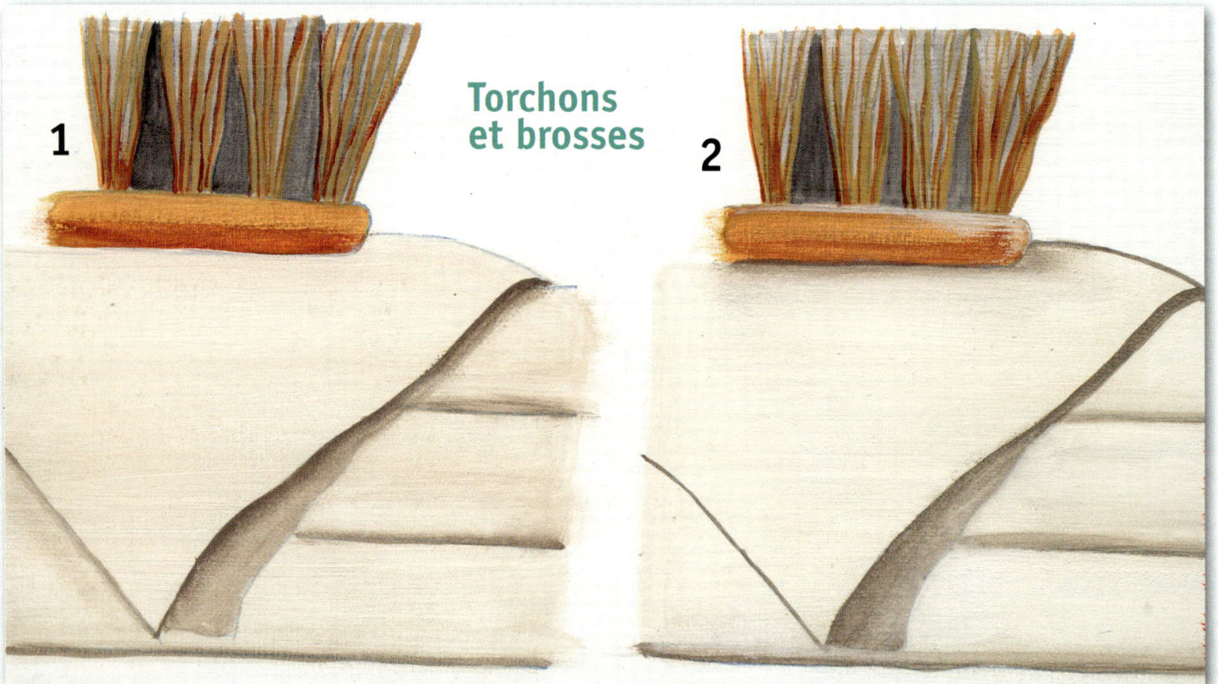

La citrouille entière

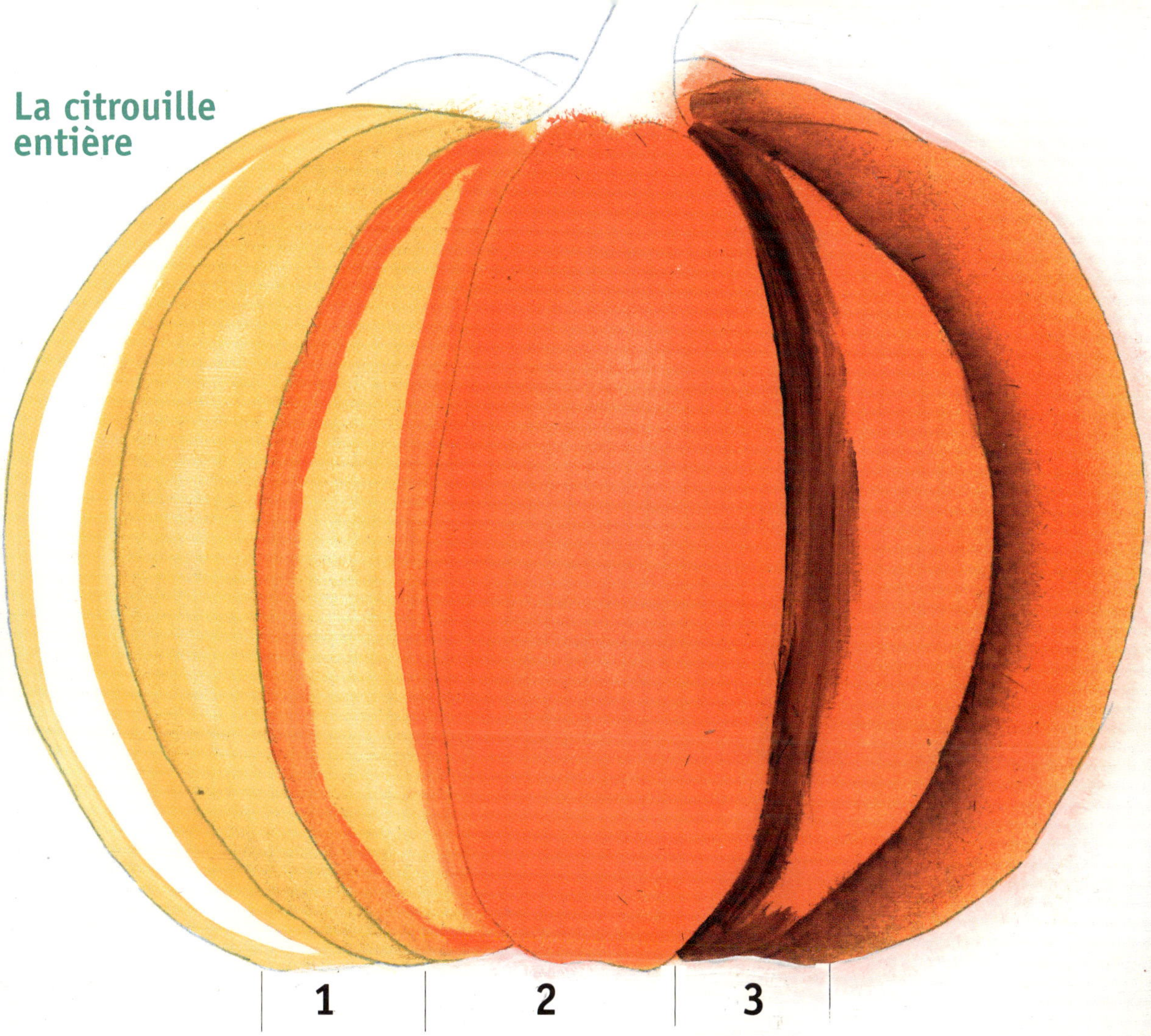

La tranche de citrouille

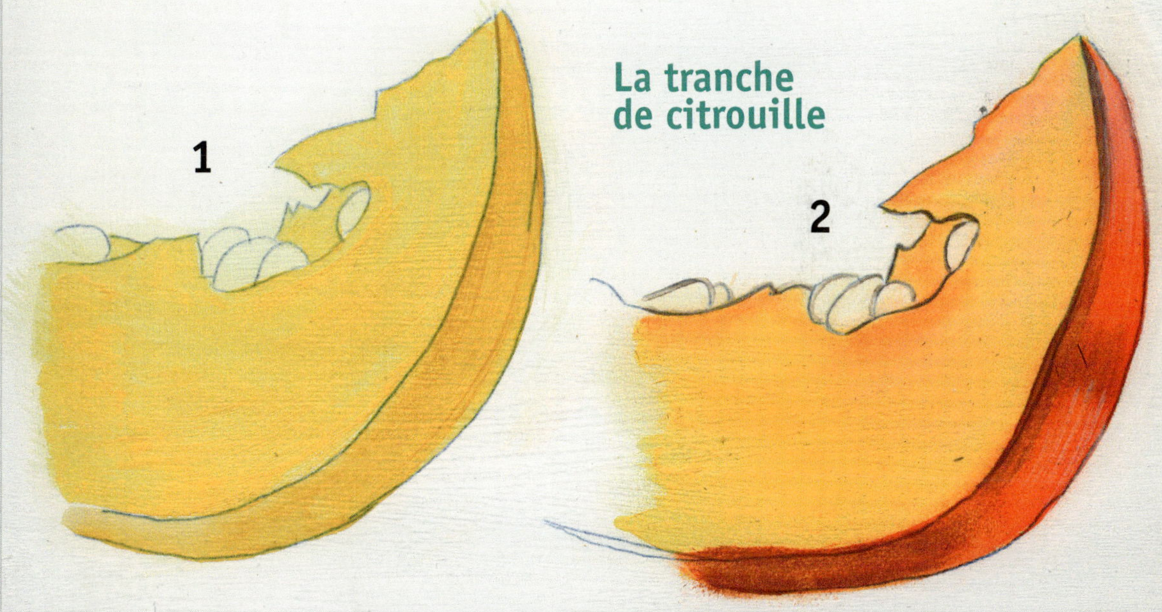

Chat alors, quel drôle de meuble !

Dans la douce chaleur de la buanderie, une commode abrite une famille de chats venue se lover dans le linge qui sent bon le propre et la lavande.

Matériel

- pinceau plat de 5 cm
- pinceaux pointus n°1, 3 et 6
- pinceau à putoiser pied de biche

Support

- meuble de récupération en bois brut, 2 panneaux de 32 cm x 45 cm

Fournitures

- peinture acrylique : blanc, terre d'ocre, terre d'ombre brûlée, bleu marine, violet, lie de vin, carmin, bouton d'or, noisette, noir
- retardateur
- papier report
- vernis acrylique mat

COMMENT FAIRE

Préparation

Passer une couche de vernis mat sur le support.
Peindre en blanc l'ensemble du meuble.

Réalisation du motif

✓ Peindre les 2 panneaux intérieurs en parme clair (1 part de violet + 1 pointe de marine + 4 parts de blanc). Délimiter l'emplacement de l'étagère et des retours de côtés.

✓ Les peindre en parme (1 part de violet + 1 pointe de marine et 3 parts de blanc). Laisser sécher.

✓ Reporter les motifs (voir pages 50 à 52) et les peindre en blanc. Commencer par peindre les oreillers et le linge en suivant les pas à pas page 21.

✓ Laisser sécher et peindre les chats en suivant également le pas à pas.

✓ Préparer un glacis parme (parme + retardateur). Passer une couche de retardateur à l'endroit des ombres portées. Peindre les ombres sur le meuble, les adoucir à l'aide du putoiseur.

✓ Laisser sécher et vernir au vernis acrylique.

PAS À PAS
MEUBLE CHAT

▶ Le chat

1 Peindre les zones claires en ocre clair. Avec le pinceau fin, peindre les poils foncés en noir. Travailler les coups de pinceau de l'intérieur vers l'extérieur. Peindre la truffe en rose pâle.

2 Peindre les poils ocre brun en débordant sur l'ocre clair et le noir, pour donner une impression de volume.

Peindre les poils blancs autour des yeux et des babines. Sans laisser sécher, peindre le bord des babines en rose pâle à l'aide du pinceau fin. Peindre les détails en noir.

▶ Serviettes et gant

1 Peindre les serviettes en ocre clair. Peindre le gant couleur ficelle. Laisser sécher. Peindre l'ombre, avec un glacis ficelle sur le bas des serviettes.

2 L'effet éponge : déposer du blanc sur un putoiseur, décharger l'excédent sur un papier absorbant, tapoter sur le motif. Peindre l'intérieur du gant avec un glacis ficelle. Peindre l'attache couleur ficelle.

▶ Le drap

1 Peindre le drap couleur ficelle, peindre les jours et le liseré en terre d'ombre brûlée. Laisser sécher.

2 Passer une couche de retardateur sur l'ensemble, recouvrir d'un glacis blanc la partie supérieure et d'un glacis ombre brûlée la partie inférieure.

▶ Le boutis

1 Peindre les parties larges du boutis et du rebord en couleur ficelle. Peindre les petites rayures en lie de vin. Laisser sécher.

2 Passer une couche de retardateur. Peindre les ombres du boutis avec un glacis couleur ficelle. Putoiser pour adoucir.

COULEUR COMPOSÉE :

Ocre clair : *1 part de terre d'ocre + 1 part de blanc*

Ficelle : *1 part d'ocre + 1 part de terre d'ombre brûlée + 1 part de blanc + 1 pointe de noir*

Ocre brun : *1 part de terre d'ocre + 1 part de terre d'ombre brulée*

Rose pâle : *1 part de blanc + 1 part de lie de vin*

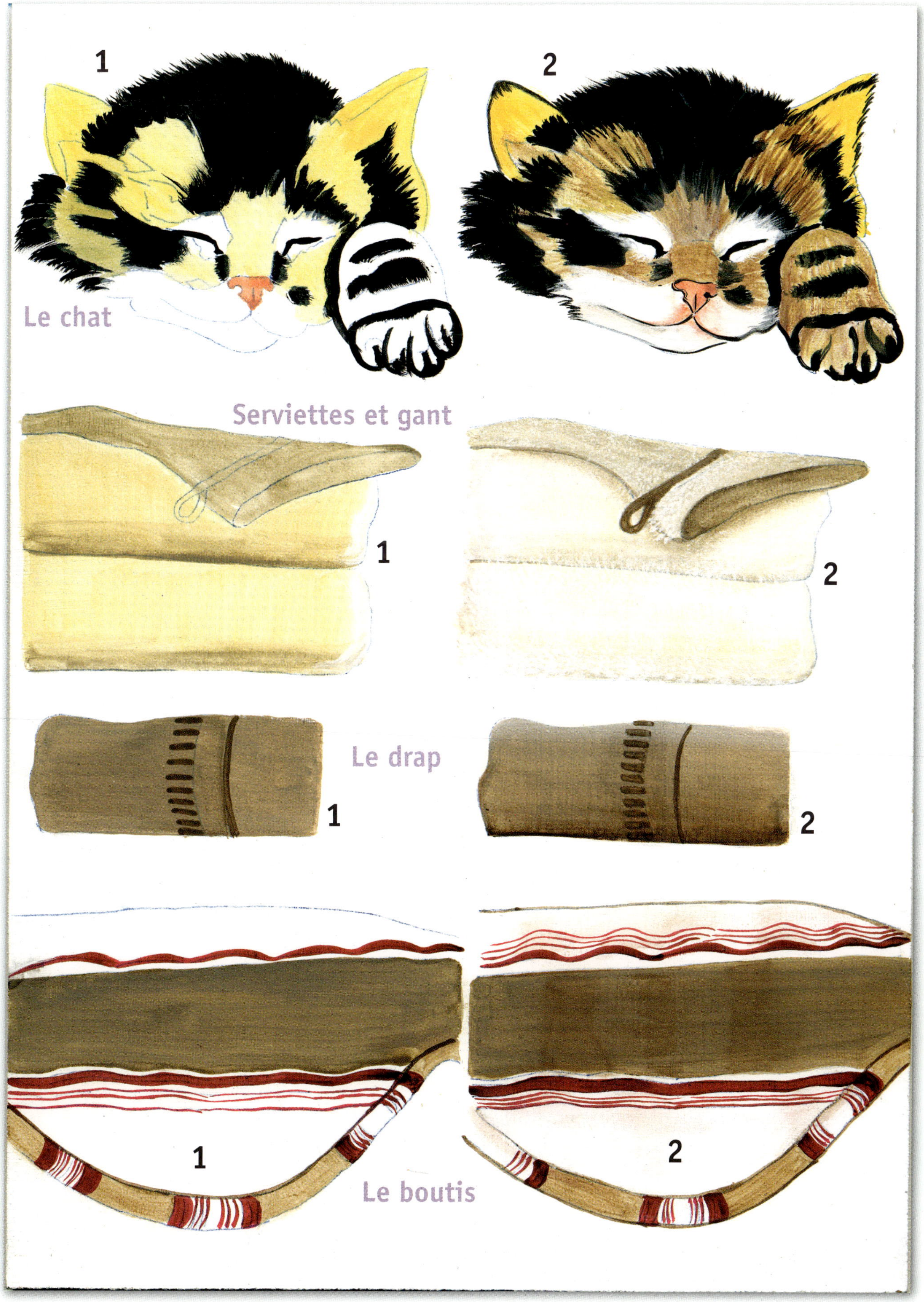
1
2
Le chat
Serviettes et gant
1
2
Le drap
1
2
1
2
Le boutis

Une cuisine habillée

Et si vous changiez le décor de votre cuisine ? En bois peint découpé, quelques objets fictifs se mêlent habilement à de vrais ustensiles, pour créer une ambiance joliment rétro dans cette cuisine aux accents provençaux.

DÉCOUPE

Reporter le contour du motif choisi sur le bois (voir motifs pages 53 à 57). Découper à l'aide d'une scie à découper. Pour les anses, faire un trou à la perceuse pour passer la lame de scie et découper la partie à évider.

La cafetière

MATÉRIEL

- pinceau plat de 2 cm
- pinceaux pointus n°3 et 6
- scie à découper
- perceuse

SUPPORT

- planchette en medium épaisseur 3 mm de 18 cm x 18 cm ou cafetière en bois découpé

FOURNITURES

- peinture acrylique :
blanc, terre d'ocre, vert mousse, orangé, bleu azur, lie de vin, terre d'ombre brûlée
- retardateur
- papier report
- vernis acrylique mat
- vernis acrylique brillant

COMMENT FAIRE

PRÉPARATION

Passer une couche de vernis acrylique mat sur le support en bois découpé.

RÉALISATION DU MOTIF

✔ Peindre le fond en blanc cassé (blanc + 1 pointe de terre d'ocre).

✔ Laisser sécher et reporter le motif à l'aide d'un papier report. Peindre les groupes de fleurs (voir pas à pas page 29).

✔ Peindre les détails sur le couvercle et le bec verseur, en terre d'ombre brûlée.

✔ Préparer un glacis brun (terre d'ombre brûlée très diluée avec de l'eau). Peindre les parties ombrées. Sécher à l'aide d'un sèche-cheveux.

✔ Préparer un glacis blanc (blanc très diluée avec de l'eau). Peindre les parties éclairées. Bien observer le modèle pour donner du relief.

✔ Sécher et rehausser quelques lumières avec un blanc pur pour donner une impression de brillance.

✔ Pour donner du volume à la cafetière, toujours avec un glacis brun, ombrer la partie droite, le dessous du couvercle et la base. Laisser sécher et terminer par une couche de vernis brillant.

d'illusions

Le pot à lait

MATÉRIEL
- pinceau plat de 2 cm
- pinceaux pointus n°3 et 6
- scie à découper
- perceuse

SUPPORT
- planchette en medium épaisseur 3 mm de 15 cm x 13 cm ou un pot à lait en bois découpé.

FOURNITURES
- peinture acrylique : blanc, terre d'ocre, terre d'ombre brûlée
- papier report
- vernis acrylique mat
- vernis acrylique brillant

COMMENT FAIRE

PRÉPARATION
Passer une couche de vernis acrylique mat sur le support en bois découpé.

RÉALISATION DU MOTIF
✔ Peindre le fond en blanc cassé (blanc + 1 pointe de terre d'ocre).
✔ Laisser sécher et reporter le motif à l'aide d'un papier report.
✔ Préparer un glacis brun (terre d'ombre brûlée très diluée avec de l'eau). Peindre les parties ombrées. Sécher à l'aide d'un sèche-cheveux.
✔ Préparer un glacis blanc (blanc très dilué avec de l'eau). Peindre les parties éclairées. Bien observer le modèle pour donner du relief.
✔ Sécher et rehausser quelques lumières avec un blanc pur pour donner une impression de brillance.
✔ Pour donner du volume, toujours avec un glacis brun, ombrer la partie droite, le dessous du bec verseur et le dessous du pot à lait. Laisser sécher et terminer par une couche de vernis acrylique brillant.

Les pots de confiture

Matériel

- pinceau plat de 2 cm
- pinceaux pointus n°3 et 6
- pinceau à putoiser
- scie à découper

Support

- planchette en medium épaisseur 3 mm de 15,5 cm x 19,5 cm

Fournitures

- peinture acrylique : blanc, terre d'ocre, terre d'ombre brûlée, rouge coquelicot, vert olive, noir, jaune bouton d'or
- papier report
- vernis acrylique mat
- vernis acrylique brillant

Comment faire

Préparation

Passer une couche de vernis acrylique mat sur le support en bois découpé.

Réalisation du motif

✔ Peindre le fond en blanc cassé (blanc + 1 pointe de terre d'ocre).

✔ Laisser sécher et reporter le motif à l'aide d'un papier report.

✔ Peindre le pot qui se trouve à l'arrière. Pour suggérer la confiture, putoiser du rouge, du brun et de l'ocre en restant plus foncé à gauche (voir technique page 6). Laisser sécher.

✔ Préparer un glacis blanc (blanc très dilué avec de l'eau). Peindre les parties éclairées. Bien observer le modèle pour donner du relief aux pots.

✔ Laisser sécher et rehausser quelques lumières avec un blanc pur pour donner une impression de brillance.

✔ Peindre le pot à l'avant en rouge coquelicot. Putoiser de la terre d'ombre brûlée dans le haut et un peu sur la partie droite.

✔ Laisser sécher et rehausser quelques lumières avec un blanc pur pour donner une impression de brillance

✔ Peindre le dessus du pot de l'arrière en rouge coquelicot. Putoiser les parties ombrées avec la terre d'ombre brûlée, ajouter un peu de noir pour les ombres très marquées.

✔ Rehausser l'arête des plis avec du jaune bouton d'or, pour intensifier la lumière.

✔ Peindre le dessus du pot à l'avant en vert olive, putoiser du blanc pour les lumières et du noir pour les parties ombrées. Laisser sécher.

✔ Peindre les liens (voir pas à pas page 29).

✔ Laisser sécher et terminer par une couche de vernis acrylique brillant pour les pots et mat pour les caches couvercles.

Les lettres

Matériel

- pinceau plat de 2 cm
- pinceau pointu n°3
- papier de verre fin

Support

- planchette en medium épaisseur 3 mm de 19 cm x 22 cm

Fournitures

- peinture acrylique : blanc, rouge coquelicot, terre d'ombre brûlée, noir, terre d'ocre
- papier report de couleur
- vernis acrylique mat
- vernis cristal

Comment faire

Préparation

Passer une couche de vernis acrylique mat sur les lettres en bois découpé. ▶

RÉALISATION DU MOTIF

✔ Peindre le fond en blanc cassé (blanc + terre d'ocre) en 2 couches.
✔ Laisser sécher et reporter le tracé rouge à l'aide d'un papier report de couleur.
✔ Peindre des taches noires cernées de blanc sur le bord, pour suggérer des éclats d'émail.
✔ Peindre le tracé en rouge coquelicot. Laisser sécher et poncer légèrement l'ensemble pour donner un effet usé
✔ Préparer un glacis terre d'ocre (terre d'ocre très diluée avec de l'eau). Passer ce glacis de manière irrégulière.
✔ Laisser sécher et passer une couche de vernis cristal en suivant les indications inscrites sur l'emballage.

Le moulin à café

MATÉRIEL

- pinceau plat de 2 cm
- pinceaux pointus n°3 et 6
- pinceau à putoiser
- scie à découper

SUPPORT

- planchette en medium épaisseur 3 mm de 25 cm x 24 cm

FOURNITURES

- peinture acrylique : blanc, terre d'ocre, terre d'ombre brûlée, orangé, vert olive, noir
- papier report
- vernis acrylique mat
- vernis acrylique brillant

COMMENT FAIRE

PRÉPARATION

Passer une couche de vernis acrylique mat sur le support en bois découpé.

RÉALISATION DU MOTIF

✔ Peindre le fond en terre d'ombre brûlée.
✔ Laisser sécher et reporter le motif à l'aide d'un papier report.
✔ Commencer par peindre la partie au-dessus du tiroir : putoiser de la terre d'ombre brûlée et du noir pour le centre, du blanc et de l'ocre pour les bords. Ajouter de temps en temps une pointe de vert olive (voir technique page 6). Continuer par le tiroir en putoisant les couleurs foncées sur l'extérieur et les couleurs claires à l'intérieur en forme de rectangle irrégulier. Délimiter le tiroir par un trait noir. Peindre le bouton en blanc (voir pas à pas page 29).
✔ Peindre les colonnes en bois, la partie plate du dessus et la base du moulin (voir pas à pas page 29). Laisser sécher.
✔ Peindre la partie bombée du couvercle en putoisant de la terre d'ombre brûlée et de l'orangé, putoiser un peu de blanc à l'avant pour la lumière.
✔ Peindre la partie sculptée, la manivelle et le bouton (voir pas à pas page 29). Vernir avec le vernis acrylique brillant.

Le torchon

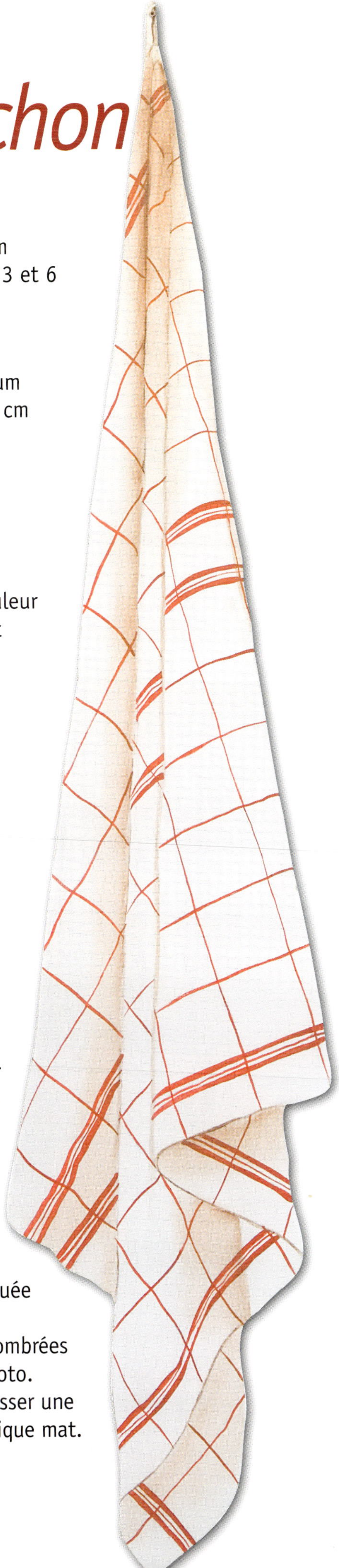

MATÉRIEL
- pinceau plat de 2 cm
- pinceaux pointus n°3 et 6
- scie à découper

SUPPORT
- planchette en medium épaisseur 3 mm de 80 cm x 18 cm

FOURNITURES
- peinture acrylique : blanc, rouge carmin, terre d'ombre brûlée
- papier report de couleur
- vernis acrylique mat

COMMENT FAIRE

PRÉPARATION

Passer une couche de vernis acrylique mat sur le support en bois découpé.

RÉALISATION DU MOTIF

✔ Peindre le fond en blanc.
✔ Laisser sécher et reporter le motif à l'aide d'un papier report de couleur.
✔ Peindre les rayures en rouge carmin.
✔ Préparer un glacis brun (terre d'ombre brûlée très diluée avec de l'eau).
✔ Peindre les parties ombrées en s'inspirant de la photo.
✔ Laisser sécher et passer une couche de vernis acrylique mat.

L'étagère

MATÉRIEL
- pinceau plat de 2 cm
- pinceaux pointus n°3 et 6
- pinceau plat en mousse

SUPPORT
- étagère en bois de 58 cm x 35 cm

FOURNITURES
- peinture acrylique : blanc, rouge carmin, terre d'ombre brûlée, noir, terre d'ocre
- gomme de masquage
- papier report
- vernis acrylique mat

COMMENT FAIRE

PRÉPARATION

✔ Passer une couche de vernis acrylique mat sur l'étagère.
✔ Peindre l'étagère avec le mélange suivant (4 parts de blanc + 1/2 de terre d'ombre brûlée + 1/2 de terre d'ocre + 1 pointe de noir).
✔ Laisser sécher et peindre les bordures en rouges carmin (voir technique page 9), avec le plat du pinceau en s'inspirant du modèle.

RÉALISATION DU MOTIF

✔ Laisser sécher et reporter le motif de dentelle. Peindre la dentelle (voir technique page 7).
✔ Laisser sécher et vernir avec le vernis mat.

PAS À PAS

CUISINE

▶ Le moulin à café

Les colonnes

1 Peindre la colonne en terre d'ombre brûlée diluée avec du retardateur. Reprendre les parties en relief, avec la terre d'ombre brûlée pure. Appliquer au centre de chaque relief un peu d'orangé et putoiser de l'intérieur vers l'extérieur. Laisser sécher.

2 Appliquer du retardateur, déposer de la terre d'ombre pure sur les contours et dans les parties en creux, putoiser de l'extérieur vers l'intérieur. Laisser sécher. Peindre les lumières en blanc et accentuer quelques traits d'ombre en terre d'ombre brûlée.

Le bouton du tiroir

1 Peindre le bouton en blanc ivoire. Laisser sécher.

2 Passer du retardateur sur l'ensemble, déposer du blanc en cercle au centre de la partie ivoire et putoiser pour étendre la peinture. Laisser sécher. Peindre la vis en terre d'ombre brûlée. Peindre un trait noir au centre et dessous. Ajouter les lumières. Peindre en blanc pur des lumières sur le haut du bouton.

Le bouton de la manivelle

1 Passer du retardateur, peindre le bouton en terre d'ombre brûlée, putoiser légèrement les parties qui reçoivent la lumière. Laisser sécher.

2 Accentuer les ombres avec la terre d'ombre brûlée foncée. Ajouter les lumières en blanc.

Les sculptures

1 Peindre le fond en gris foncé. Laisser sécher et reporter le motif. Peindre le motif en gris moyen.

2 Peindre les lumières en blanc dilué. Laisser sécher et repasser du blanc pur sur les parties qui reçoivent plus de lumière.

▶ Les fleurs de la cafetière

1 Peindre les feuilles en vert olive et les fleurs à l'arrière en violet.

2 Peindre la fleur ocre et les myosotis en bleu clair. Peindre le cœur de la rose en orangé, les pétales en orangé et blanc, en prenant les 2 couleurs en même temps sur le pinceau. Peindre une lumière sur le haut du cœur de la fleur et une ombre en terre d'ombre brûlée, sur le bas.

3 Peindre le corps de la rose en mêlant les 2 couleurs sur le pinceau. Peindre en forme de C croisé, une fois à droite, une fois à gauche.

▶ Le lien

1 Peindre le lien en terre d'ocre. Donner le mouvement en traçant des petits traits terre d'ombre brûlée, sur le dessous. Travailler en forme de S.

2 Peindre des lumières blanches dans le centre des S formés à l'étape précédente.

COULEURS COMPOSÉES :

Blanc ivoire: *2 parts de blanc + 1/4 de part de terre d'ocre*

Gris moyen: *1 part de blanc + 1/4 de part de noir*

Gris foncé : *1 part de blanc + 1 part de noir*

Terre ombre brûlée foncée : *1 part de terre d'ombre brûlée + 1/4 de part de noir*

Bleu clair : *1 part de bleu azur + 1 part de blanc*

Violet : *1 part de bleu azur + 1 part de violet*

Les colonnes
1
2
Le bouton du tiroir
1
2
Les sculptures
1
2
Le bouton de la manivelle
1
2
Les fleurs de la cafetière
1
2
3
Le lien
1
2

Des effets de faux bois

De simples coups de pinceau large chargé de peinture blanche donnent l'effet de patine à ces petits cadres.

Petits tableaux bien peints

Des petits coeurs rembourrés et points de monogrammes anciens invitent à la tendresse et à la quiétude.

Matériel

- pinceau fileur ● pinceau à pocher
- tapis de découpe ● cutter
- carton épais ou carton mousse
- épingles à tête ● feutre noir
- pointe sèche ● petite perforette

Le support

- cadres cœurs en bois blanchi
- carré de lin blanc-cassé et naturel 12 x 12 cm

Fournitures

- peinture acrylique : blanc, noir et terre d'ocre
- feuille de bristol
- calque
- papier report de couleur
- colle repositionnable
- carré de mousse de 10 x 10 cm

COMMENT FAIRE

PRÉPARATION

Fixer le tissu sur le carton avec des épingles à tête.
Préparer les pochoirs monogramme comme indiqué page 4.
Reporter le contour du cœur.
Sur la toile de lin, mettre en place le pochoir à l'aide de la colle repositionnable.

RÉALISATION DES MOTIFS

Sur la toile de lin blanc-cassé :

✔ Préparer une couleur lin foncé : blanc + une pointe de terre d'ocre + un peu de noir. Pocher le monogramme. Enlever le pochoir. Peindre les ombres en ajoutant un peu de noir à la couleur de base (voir pas à pas monogramme ci-contre). Avec la tête d'un clou, faire des points espacés de 1 cm sur le pourtour du cœur (voir technique du perlé page 8). Ou, à l'aide de la perforette, perforer le contour du cœur pour faire un pochoir et le pocher avec la couleur «lin foncé».

Sur la toile de lin naturel :

✔ Préparer une couleur blanc-cassé avec un peu de terre d'ocre. Procéder comme précédemment. Reporter les prénoms sur le bois (choisir une police scripte sur ordinateur) et peindre avec la même couleur.

✔ Placer les cœurs dans leur cadre respectif, ajouter un carré de mousse à l'arrière et faire légèrement ressortir la mousse et le tissu à travers le cœur. Replacer

PAS À PAS

MONOGRAMME - VOIR DESSINS PAGE 58

1 Positionner le pochoir avec la colle repositionnable, pocher le monogramme avec du blanc en suivant la technique page 5. Laisser sécher. Retirer le pochoir.

2 Placer les ombre en gris moyen avec le fileur et les atténuer avec un pinceau sec en suivant le sens des ombres

✔ ***Un monogramme recevant la lumière à gauche, les ombres se trouvent à droite***

✔ ***Un monogramme recevant la lumière à droite, les ombres se trouvent à gauche***

1

2

L'ourson "douceur"

Un amour d'ourson bien installé dans son petit cadre nous rappelle les histoires de marchand de sable de notre enfance.

MATÉRIEL

● pinceaux pointus n°0 et 3
● pinceau à pocher ● tapis de découpe
● cutter ● pointe sèche ● feutre noir
● ruban adhésif

Le support

- carré de lin naturel 13 x 13 cm

Fournitures

● peinture acrylique : blanc, noir, terre d'ocre et noisette ● retardateur
● feuille de bristol ● papier report de couleur ● colle repositionnable
● carré de mousse de 10 x 10 cm
● carton blanc cassé de 19 x 19 cm

Pour la fabrication du cadre :

● planchette de 20 x 20 cm
● 4 baguettes de bois brut de 2,5 x 17,5 cm ● petits clous sans tête
● ficelle

COMMENT FAIRE

Préparation

Fixer le tissu sur le carton avec les épingles à tête.
Préparer le pochoir ourson d'après dessin page 58 et comme indiqué page 4 ou reporter le dessin et peindre en suivant le pas à pas ci-contre.
Découper un carré de 10 x 10 cm au milieu du carton, pour former une lucarne.

Réalisation du motif

✔ Préparer une couleur blanc-cassé avec un peu de terre d'ocre. Pocher l'ourson. Retirer le pochoir.
✔ Reporter le mot douceur (choisir une police scripte sur ordinateur) sur le bas du carton. Peindre avec la peinture noisette diluée avec du retardateur. En le plaçant par l'arrière, centrer l'ourson dans la lucarne découpée dans le carton, ajouter le carré de mousse au dos et faire légèrement ressortir le tissu à travers la lucarne. Placer le tout sur la planchette de bois et fixer avec le ruban adhésif.

Réalisation du cadre

Préparer les baguettes de bois (voir technique du bois blanchi page 8) et les positionner en décalé en s'inspirant de la photo. Les maintenir avec des petits clous sans tête. Ajuster une ficelle à l'arrière.

PAS A PAS

PETIT OURSON BLANC

1 Placer des lumières blanches sur le museau, le milieu du ventre, le front et les joues. Tapoter avec un putoiseur. Marquer les ombres autour du corps avec la couleur lin naturel (blanc + une pointe de terre d'ocre + un peu de noir).

2 Peindre en gris clair l'ombre dans les oreilles, autour du museau, sous les pattes, autour du corps en accentuant la partie gauche qui se trouve ombrée par la tête. Avec le fileur et du gris foncé, détourer l'ombre des oreilles, du museau et accentuer le contour des pattes. Peindre les yeux, la truffe et la bouche en noir, ajouter une lumière blanche dans les yeux.

1

2

Histoire de poules

Afin d'honorer cette merveilleuse volaille, notre buffet dombiste s'est paré de poules en céramique et fil de fer mais aussi de volatiles picorant ça et là, peints sur des châssis entoilés.

MATÉRIEL

- pinceaux pointus n°0 et 3
- pinceau à putoiser
- pinceau plat en soies de porc de 5 cm
- pinceau fileur
- tapis de découpe
- cutter
- feutre noir

FOURNITURES

- peinture acrylique : terre d'ombre brulée, noir, noisette, blanc, terre d'ocre, rouge coquelicot (et bleu antique pour grand châssis)
- feuille de bristol
- papier report rouge
- colle repositionnable
- colle pour textile (grand châssis)
- plumes et brindilles (grand châssis)

Les petits châssis

LE SUPPORT

- châssis entoilé 20 x 20 cm

COMMENT FAIRE

PRÉPARATION

A l'aide d'un pinceau plat, passer sur le fond un jus grisé réalisé de la manière suivante : 1 part de noir, 1 part de terre d'ombre brulée, 1/2 part de blanc et 10 parts d'eau. Laisser sécher.

RÉALISATION DU MOTIF

La poule blanche

✔ Reporter les contours de la poule blanche (voir dessin page 60) et réaliser un pochoir (voir technique page 5).
✔ Positionner le pochoir et pocher en blanc. Peindre les parties noires à main levée en s'inspirant du modèle.

La poule rousse

✔ Se reporter à l'explication du grand châssis.

Le grand châssis

LE SUPPORT

- châssis entoilé 60 x 60 cm

COMMENT FAIRE

PRÉPARATION

A l'aide d'un pinceau plat, passer sur le fond un jus grisé réalisé de la manière suivante : 1 part de noir, 1 part de terre d'ombre brulée, 1/2 part de blanc et 10 parts d'eau. Laisser sécher.

RÉALISATION DES MOTIFS

✔ Peindre en terre d'ombre brûlée, les séparations entre les planches (voir technique page 8).
✔ Reporter le motif (voir pages 59 et 60) et peindre la poule, le coq, les œufs et la plume (voir pas à pas page 37).
✔ Avec du papier report rouge, reporter un texte choisi sur l'ordinateur ayant une police de caractère de 1,5 cm de hauteur environ. Peindre les lettres en blanc cassé d'un peu d'ocre. Avec un pinceau fileur ombrer les lettres en terre d'ombre brûlée. Coller les brindilles et les plumes avec la colle pour textile.

Histoire de poule
le poulet domestique
descend sans doute
du coq doré
galus galus
gallinacé sauvage du sud est
asiatique

PAS À PAS

LA POULE ET L'ŒUF

Reporter les contours de la poule (voir page 60) et réaliser un pochoir (voir technique pages 4 et 5).

▶ Les plumes

1 Commencer par les plumes de la queue. Peindre les grande plumes en noir. Appliquer les coups de pinceau de l'intérieur vers l'extérieur. Peindre les plumes plus claires en terre d'ocre, ombrer la base avec du noir. Laisser sécher.

2 Peindre les lumières blanches sur les grandes plumes. Recouvrir les plumes ocre avec la couleur noisette très diluée. Reprendre les ombres en terre d'ombre brûlée, en estompant la couleur, vers le haut. Tapoter une petite touche de blanc sur le haut des plumes. Marquer le centre avec un trait brun. Procéder de cette manière pour l'ensemble des plumes.

▶ Le duvet

1 Peindre en commençant par la partie duveteuse. Dans la peinture blanche encore fraîche, tracer un trait de terre d'ocre à la frontière des plumes et tapoter avec un putoiseur, pour dégrader la couleur vers le bas.

2 Renouveler l'opération avec la couleur noisette ; marquer la base des cuisses avec de la terre d'ombre brûlée.

▶ L'œil

1 Peindre l'intérieur de l'œil en terre d'ocre.

2 Peindre le contour de l'œil et la pupille en noir.

3 Peindre des lumières blanches dans l'iris et dans la pupille.

▶ Les pattes

1 Peindre les pattes en terre d'ocre. Peindre une lumière blanche sur la partie droite et sur le dessus de la patte. Peindre une ombre noisette sur la partie gauche et sous la patte.

2 Ombrer la partie gauche et le dessous de la patte avec de la terre d'ombre brûlée. A l'aide du fileur peindre les ongles en noir.

▶ L'œuf

1 Peindre l'œuf en ocre clair (1 part d'ocre + 1 part de blanc).

2 Peindre une lumière blanche sur la droite de l'œuf en la prolongeant vers le haut.

3 Peindre une ombre en terre d'ombre brûlée sur la gauche en l'accentuant à la base de l'œuf. Terminer par un moucheté terre d'ombre brûlée.

Technique du moucheté : préparer de la terre d'ombre brûlée très diluée avec de l'eau. Projeter la couleur à l'aide d'une brosse à dents en passant l'index sur les poils d'avant en arrière.

Conseil : s'entrainer au préalable sur une feuille de papier.

Les plumes
1
2
Le duvet
1
2
L'œil
1
2
3
1
2
Les pattes
L'œuf
1
2
3

PAS À PAS
LE COQ

▶ Les plumes du cou

1 Peindre les plumes en terre d'ocre. Peindre la base en couleur noisette. Travailler de l'extérieur vers l'intérieur.

2 Peindre le haut des plumes, couleur noisette, toujours de l'extérieur vers l'intérieur. Laisser apparaître un peu de terre d'ocre au centre. Souligner le dessous du groupe de plumes avec du noir.

▶ L'aile

1 Peindre l'aile en terre d'ocre. Recouvrir avec la couleur noisette en laissant apparaitre le dessous par endroit. Sur le haut du tiers inférieur, peindre une frange en bleu antique.

2 Peindre les ombres en terre d'ombre brûlée en recouvrant partiellement les plumes bleues. Souligner le dessous de l'aile avec du noir.

▶ La queue

1 Peindre les plumes en blanc. Peindre le centre en bleu antique. Peindre l'extrémité en noir. Travailler sans laisser la peinture sécher complètement.

2 Peindre les ombres en terre d'ombre brûlée en recouvrant partiellement les plumes bleues. Souligner le dessous de l'aile avec du noir. Finir en passant un gris léger sur l'ensemble. Laisser apparaître un peu de blanc.

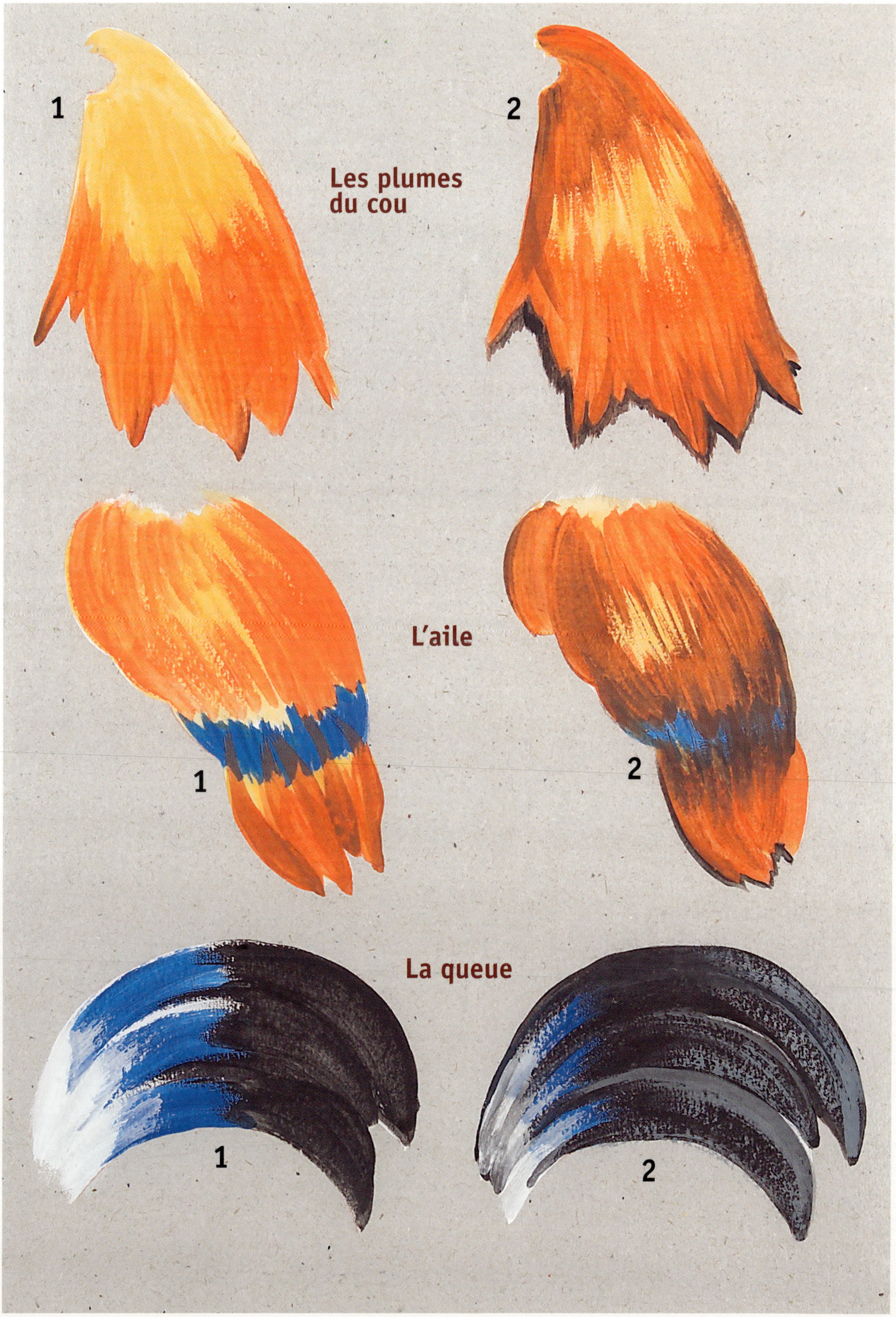
1
2
Les plumes
du cou
L'aile
1
2
La queue
1
2

Le chat guette...

Une peinture de chat sur châssis entoilé, collée sur un cadre fait de planches et de baguettes en bois blanchi, délivrant un message très approprié.

Le support

- châssis entoilé 24 x 18 cm

Matériel

- pinceaux pointus n°3 et 6 ● pinceau fileur ● pinceau plat en soies de porc de 5 cm ● pointe sèche

Fournitures

- peinture acrylique : blanc, noir, noisette et jaune bouton d'or ● 1 planchette de 34 x 29 cm ● 3 planches de bois de 9,5 x 34 cm ● 2 baguettes de 32 x 2 cm ● 2 baguettes de 27 x 2 cm ● papier report de couleur ● calque ● clous sans tête ● 1 petite souris adhésive (magasin de loisirs créatifs) ● adhésif double-face

Comment faire

Préparation

Blanchir les planches et les baguettes
(voir technique page 8).
Fixer les 3 planches sur la planchette.
Fixer les baguettes, en décalé, avec des clous sans tête.

Réalisation du motif

✔ Reporter et peindre un texte choisi dans une police scripte en blanc. Ombrer avec du gris clair (blanc + une pointe de noir). Mettre en place le châssis sur la planchette avec de l'adhésif double-face. Pour bien le centrer, marquer l'emplacement au préalable, avec un crayon à papier. Coller la petite souris sur le bord.

Pas à pas

Le chat

Reporter le motif chat sur le châssis (voir technique du report page 4).

1 Avec le pinceau n°6, peindre le chat en blanc, l'œil en jaune bouton d'or. Ajouter un peu de vert dans le haut de l'œil. Peindre la truffe en rose (1 part de blanc, 1/2 part de noisette + 1 pointe jaune bouton d'or).

2 Avec un pinceau fileur, peindre les nuances dans les poils en noir et noisette. Travailler très dilué. Peindre le tour de l'œil, la pupille, les moustaches, les cils et la bouche en noir. Mettre une lumière blanche dans l'œil. Souligner le contour de la truffe et de l'oreille en gris brun (blanc + 1 pointe de noir + 1 pointe de noisette).

Panneaux précieux

A l'image des temples antiques, colonnes et fresques encadrent un jardin d'ifs et d'arbres millénaires. Cette idée peut également accompagner une porte vitrée donnant sur un jardin de couleurs changeant tout au long des saisons.

La nature en perspective

L'effet trompe-l'œil, obtenu par un savant jeu de perspective, donne l'illusion d'un jardin toscan. La justesse des ombres portées, les effets de matière contribuent à rendre réel ce qui n'existe pas.

MATÉRIEL

- pinceaux plats n°2, 4 et 6
- pinceaux plats de 2 cm et 6 cm
- pinceau biseauté
- pinceau à putoiser n°6

LE SUPPORT

- panneau en medium

FOURNITURES

- toile peinte motif nature
- peinture acrylique : blanc, terre d'ocre, terre d'ombre brûlée, noir, bleu azur, vert antique, vert jade
- retardateur
- papier report
- scotch de protection
- vernis acrylique mat

COMMENT FAIRE

Reporter le motif (voir dessin pages 62 et 63) de manière à encadrer la toile peinte et procéder à la mise en couleur.

PAS À PAS

L' ALLEE

Les colonnes

1 Peindre les colonnes en blanc cassé. Laisser sécher et reporter les parties sculptées. Passer du retardateur sur l'ensemble de la colonne. Faire un glacis avec le gris-beige et marquer les parties sombres sur le dessous des sculptures et à gauche dans les cannelures. Laisser sécher.

2 Peindre des lumières en blanc, sur la gauche de la colonne et sur la partie droite des cannelures. Laisser sécher. Passer à nouveau du retardateur principalement à droite. Peindre un trait en terre d'ombre brûlée et adoucir avec un putoiseur. Laisser sécher et peindre les ombres portées en gris foncé très dilué, sur la droite des colonnes.

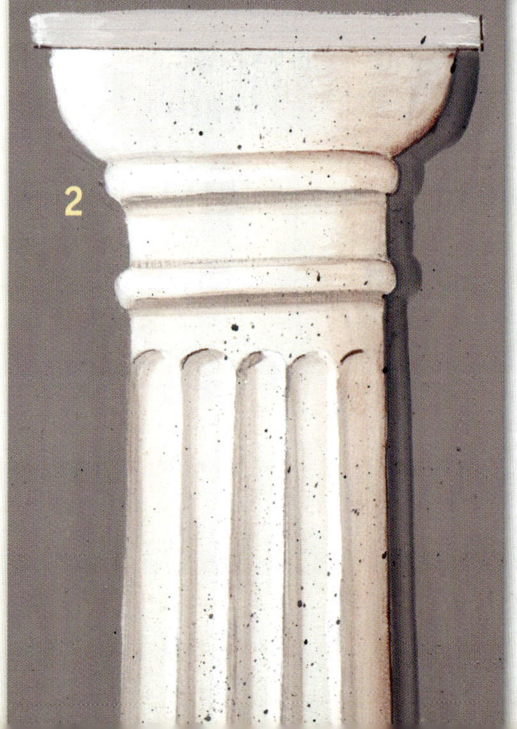

PAS À PAS

L' ALLEE SUITE

Les fleurs et volutes

1 Peindre l'ensemble en gris-clair

2 Peindre des lumières en blanc, principalement sur les parties gauches et le dessus des sculptures.

3 Peindre en terre d'ombre brûlée les ombres sur la droite et dans le creux du motif. Selon le sens de la source lumineuse, les ombres et les lumières peuvent être inversées, mais elles resteront identiques, sur l'ensemble du motif.

Les rais de cœur

1 Peindre la partie centrale et le coin à droite en gris-clair. Laisser sécher.

2 Passer du retardateur sur la partie centrale, déposer de la terre d'ombre brulée sur la droite et estomper la teinte avec un putoiseur, de l'extérieur vers l'intérieur du motif. Délimiter les parties creuses, avec un trait de terre d'ombre brûlée. Laisser sécher et peindre en gris-beige la partie qui se trouve à gauche, entre les deux traits bruns.

3 Peindre en gris la partie qui se trouve à droite de l'ombre et le coin à gauche de la sculpture. Laisser sécher. Mettre du retardateur sur la partie centrale, mettre du blanc sur la gauche de la partie centrale et tapoter pour créer une lumière douce. Rehausser avec du blanc pur, comme sur le modèle.

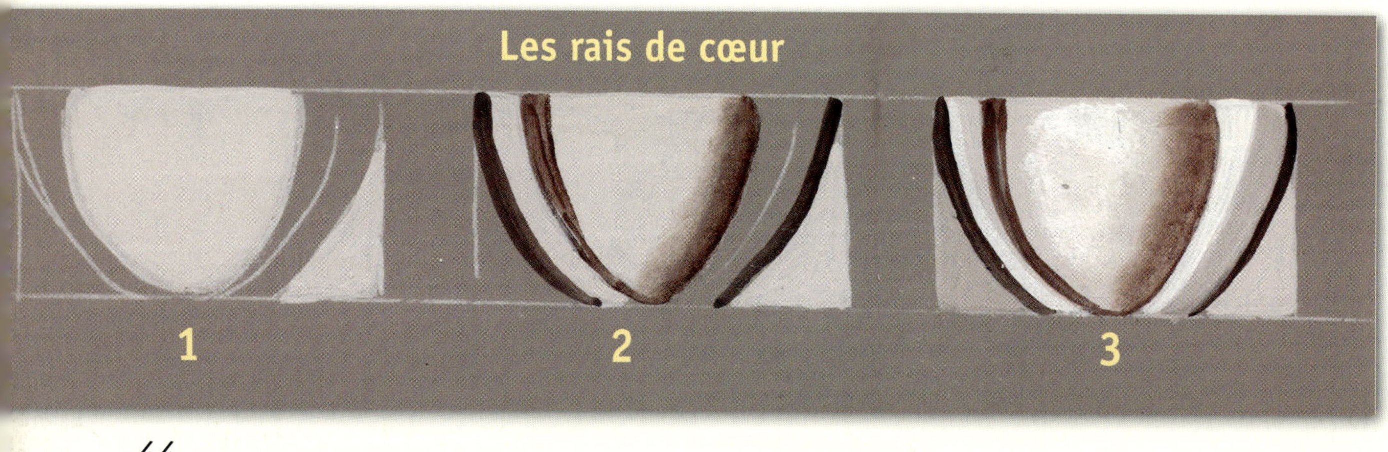

Les attributs de musique

Tambourin, nœuds et volutes peints en grisaille donnent à ce tableau des allures de la Rome antique.

Matériel

- pinceaux pointus n°3 et 6
- pinceau fileur
- pinceau plat biseauté n°8
- pinceau plat en soies de porc de 5 cm
- carton épais ou carton mousse

Le support

- châssis entoilé 70 x 100 cm

Fournitures

- peinture acrylique : blanc, noir et terre d'ocre ● retardateur
- papier fort ● papier de verre moyen
- colle repositionnable

Les couleurs composées

Gris clair : *2 parts de blanc + 1 pointe de noir + 1 pointe de terre d'ocre*

Gris foncé : *1 part de blanc + 1 pointe de noir + 1 pointe de terre d'ocre*

Comment faire

Préparation

Dans un papier fort, découper un cache de la forme du médaillon central.
Encoller le cache avec de la colle repositionnable, puis le positionner sur le châssis.

Le fond

Procéder à un effet planche en bois blanchi en suivant la technique page00. Tracer à la règle les séparations des planches. L'effet sera plus agréable si les largeurs de planches ne sont pas régulières (voir technique page 8).

Réalisation du motif

✔ Préparer les couleurs. Enlever le cache et blanchir très légèrement le fond. La toile doit être très présente à l'arrière du motif.
✔ Reporter les motifs pages 63 et 64 (voir technique page 4). Peindre les attributs en commençant par le tambourin du fond au centre, la mandoline et finir par le violon. Peindre ensuite le tambourin du haut avec les nœuds et les guirlandes de feuilles en suivant le pas à pas ci dessous.
✔ Finir par les volutes à l'extérieur du motif. Le travail des ombres et lumières se fait toujours dans la peinture humide.

Pas à pas

Le tambourin

1 Avec le pinceau n°6, peindre le tambourin et le haut du nœud en gris clair.

2 Sans laisser sécher, peindre en blanc les lumières sur le dessus du tambourin et le dessus du nœud. Peindre le ruban en gris clair, ajouter les lumières en blanc et placer les ombres en gris foncé.

Les gabarits

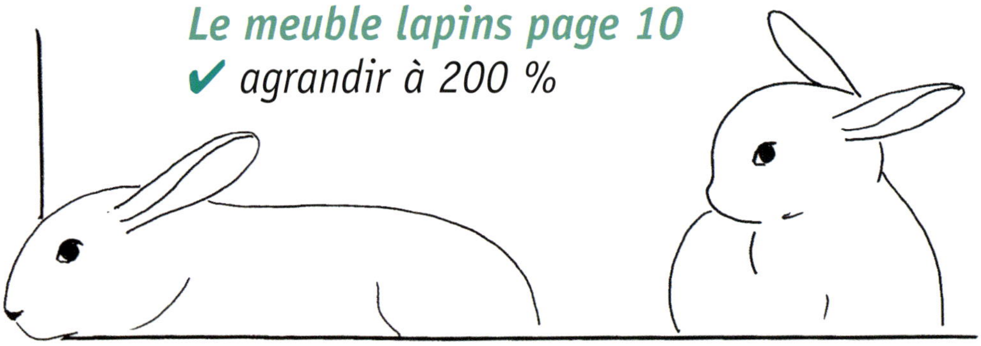

Le meuble lapins page 10

✔ *agrandir à 200 %*

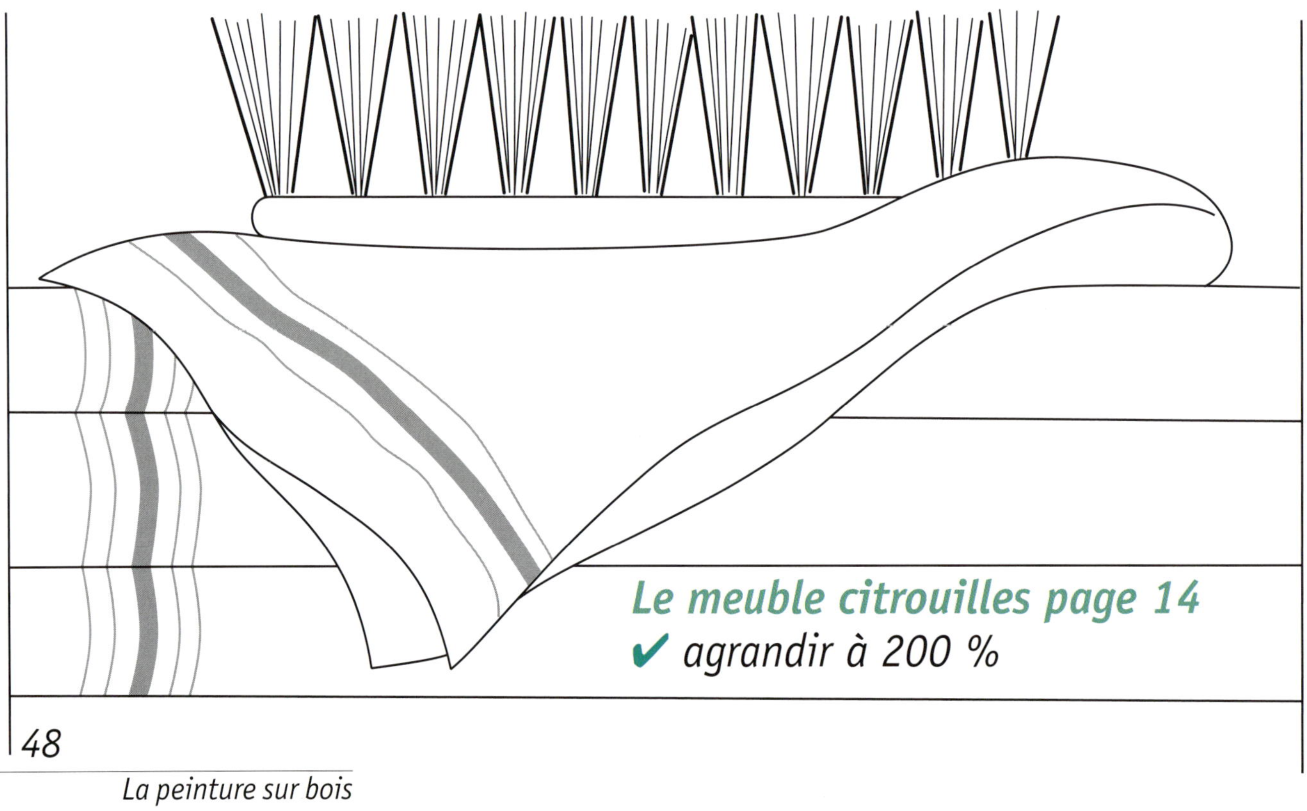

Le meuble citrouilles page 14

✔ *agrandir à 200 %*

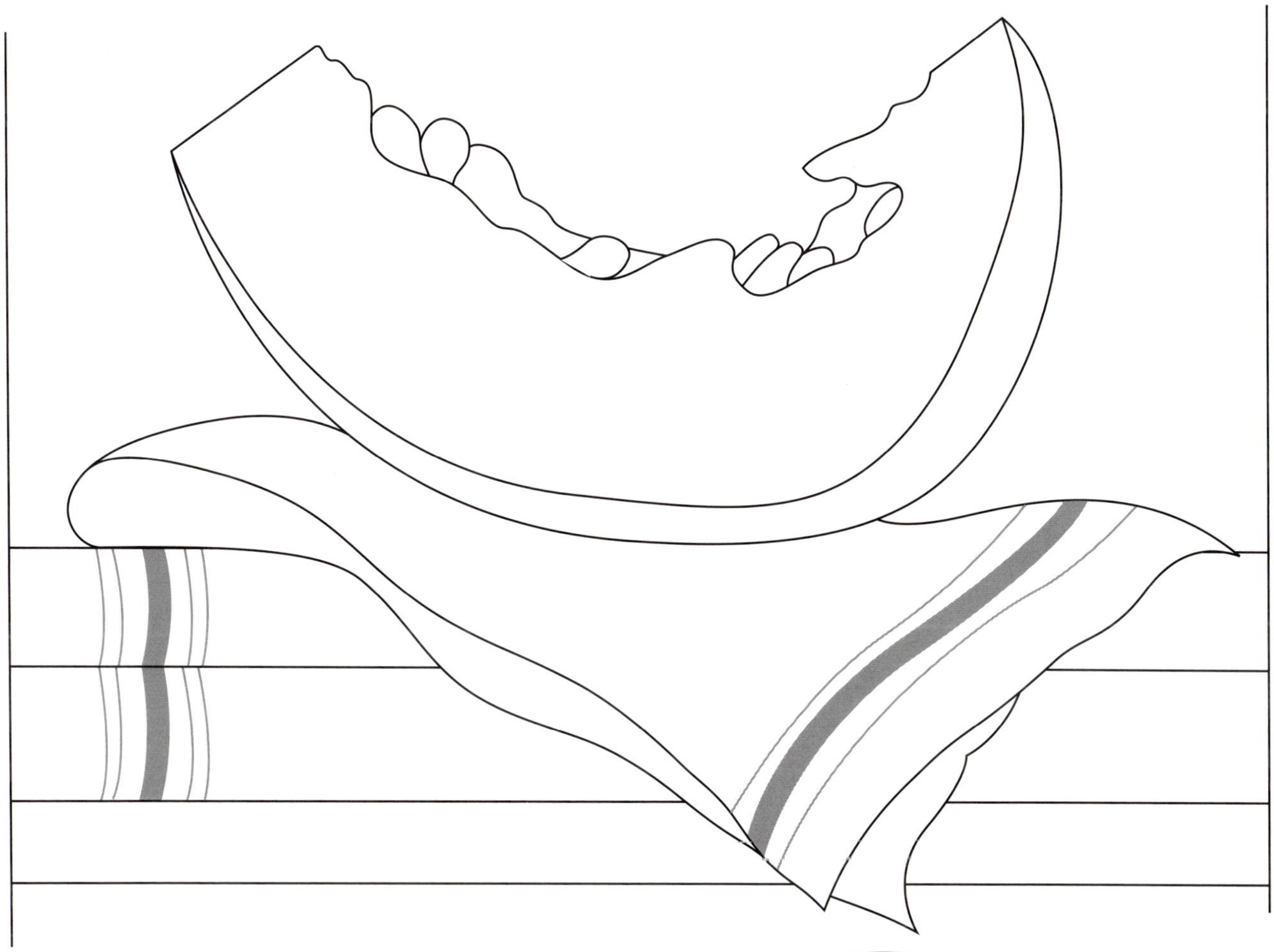

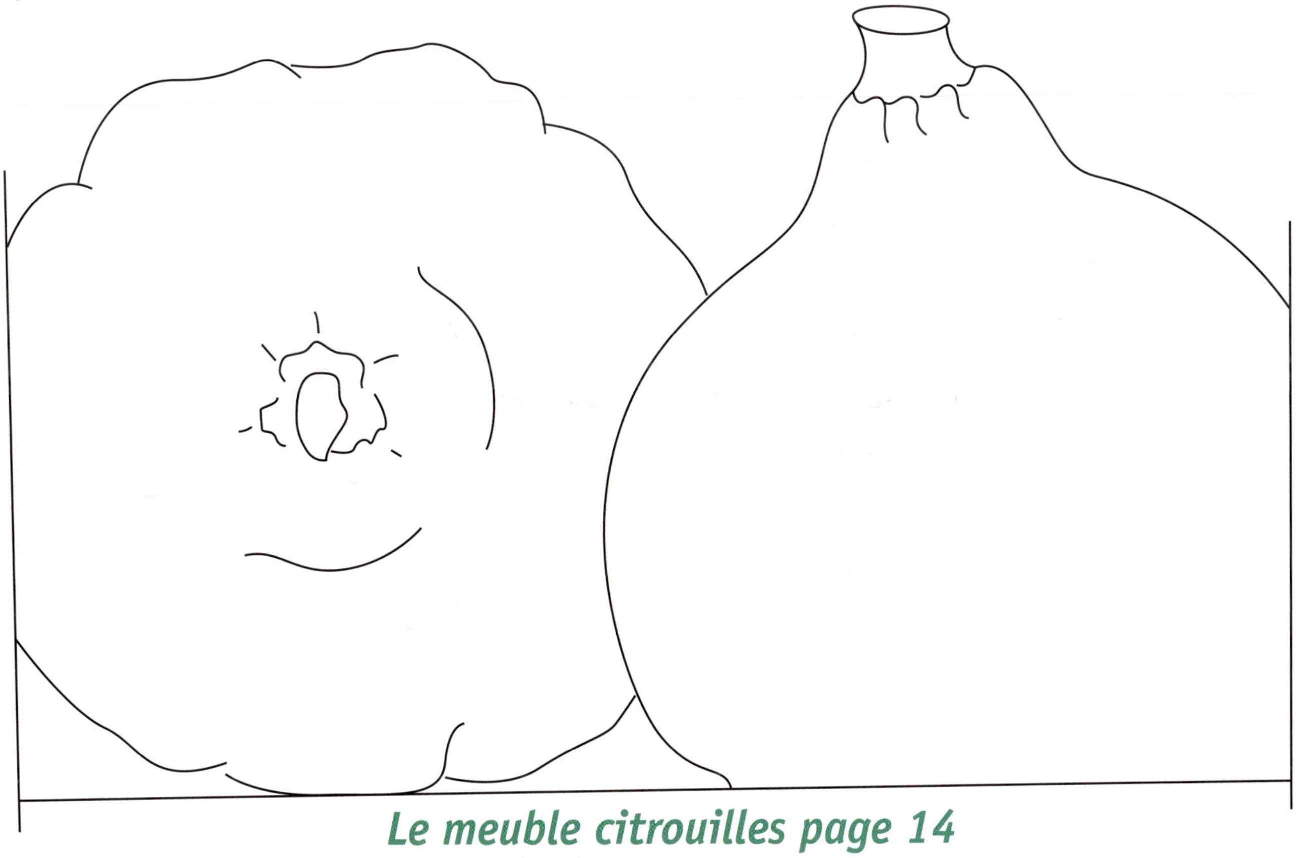

Le meuble citrouilles page 14

✔ *agrandir à 200 %*

Le meuble citrouilles page 14

✔ *agrandir à 200 %*

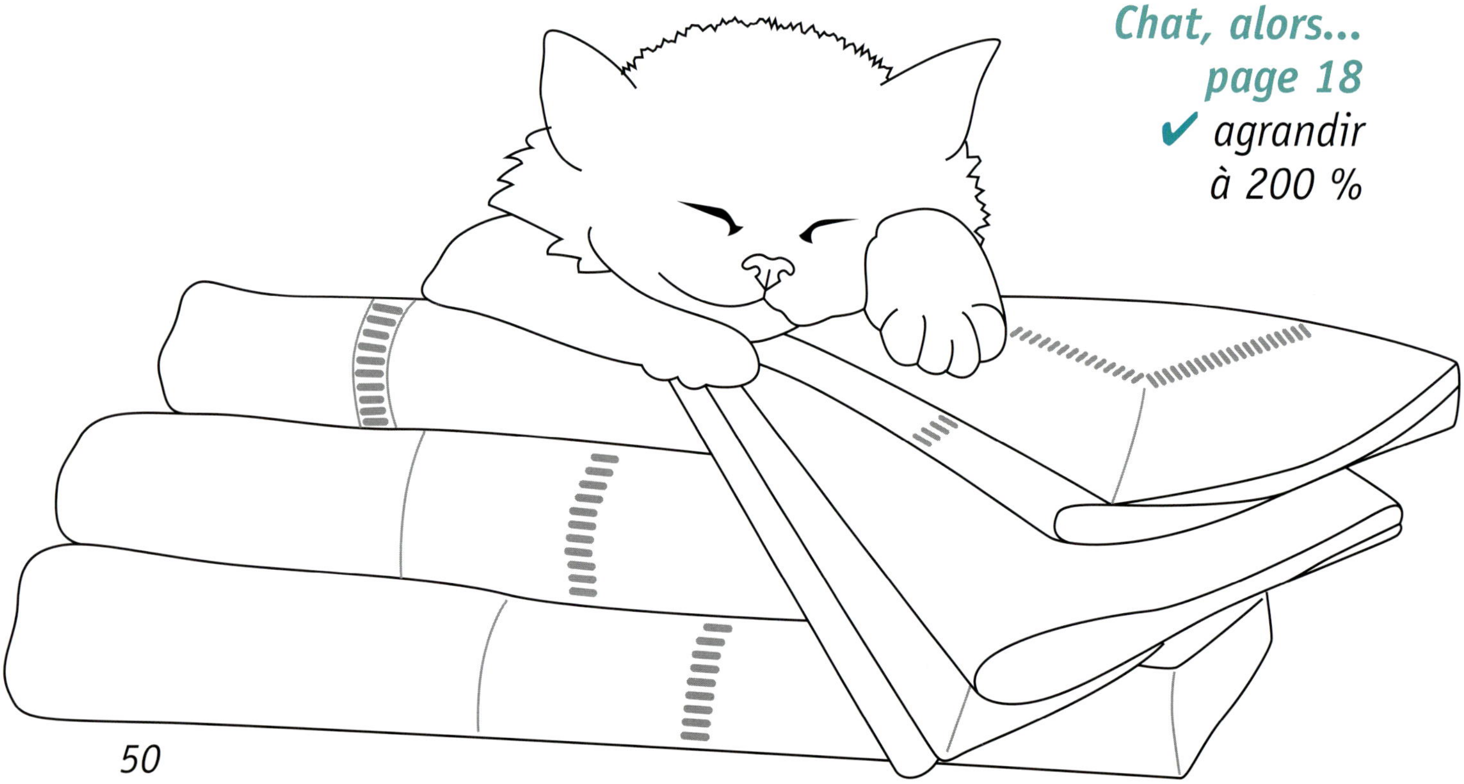

Chat, alors... page 18

✔ *agrandir à 200 %*

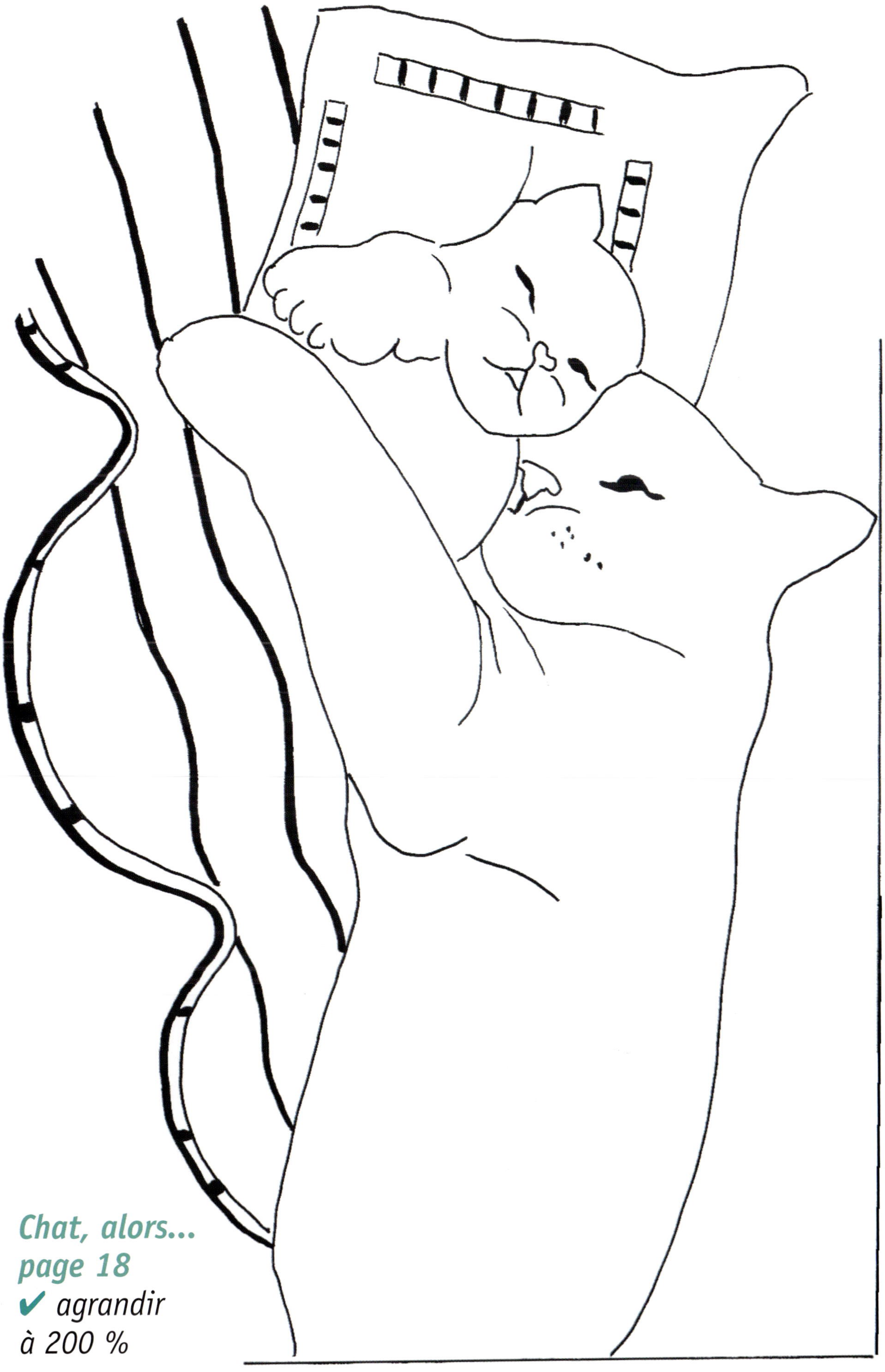

Chat, alors...
page 18
✔ *agrandir*
à 200 %

Chat, alors... page 18

✔ agrandir à 200 %

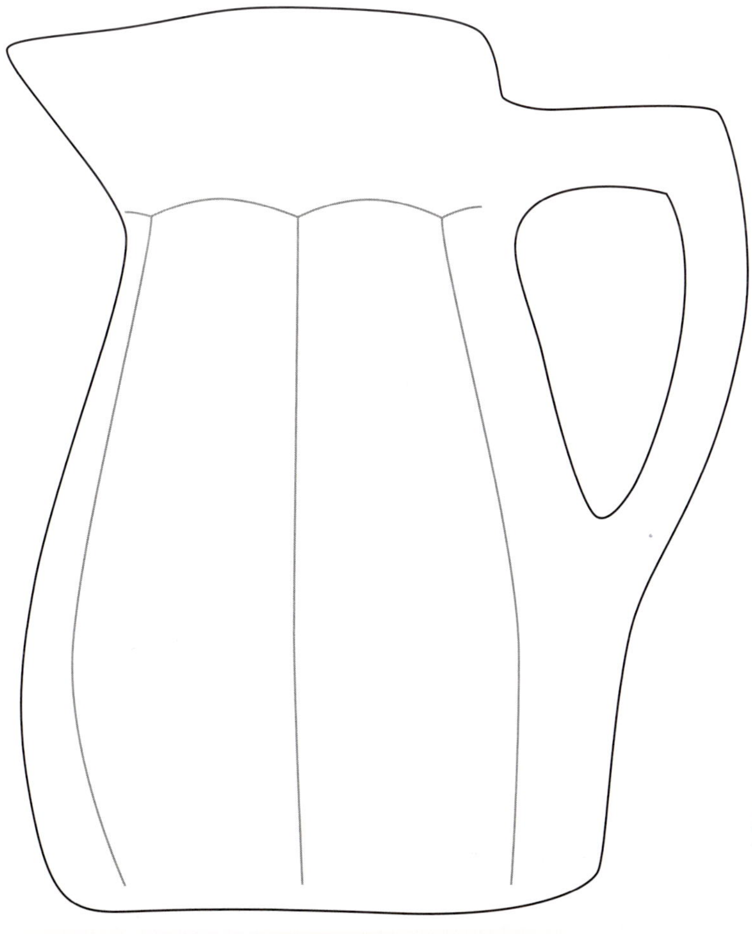

Une cuisine habillée d'illusions page 22
✔ *agrandir à 200 %*

Une cuisine habillée d'illusions page 22

✔ *agrandir à 200 %*

Une cuisine habillée d'illusions page 22

✔ *agrandir à 200 %*

Une cuisine habillée d'illusions page 22

✔ *agrandir à 200 %*

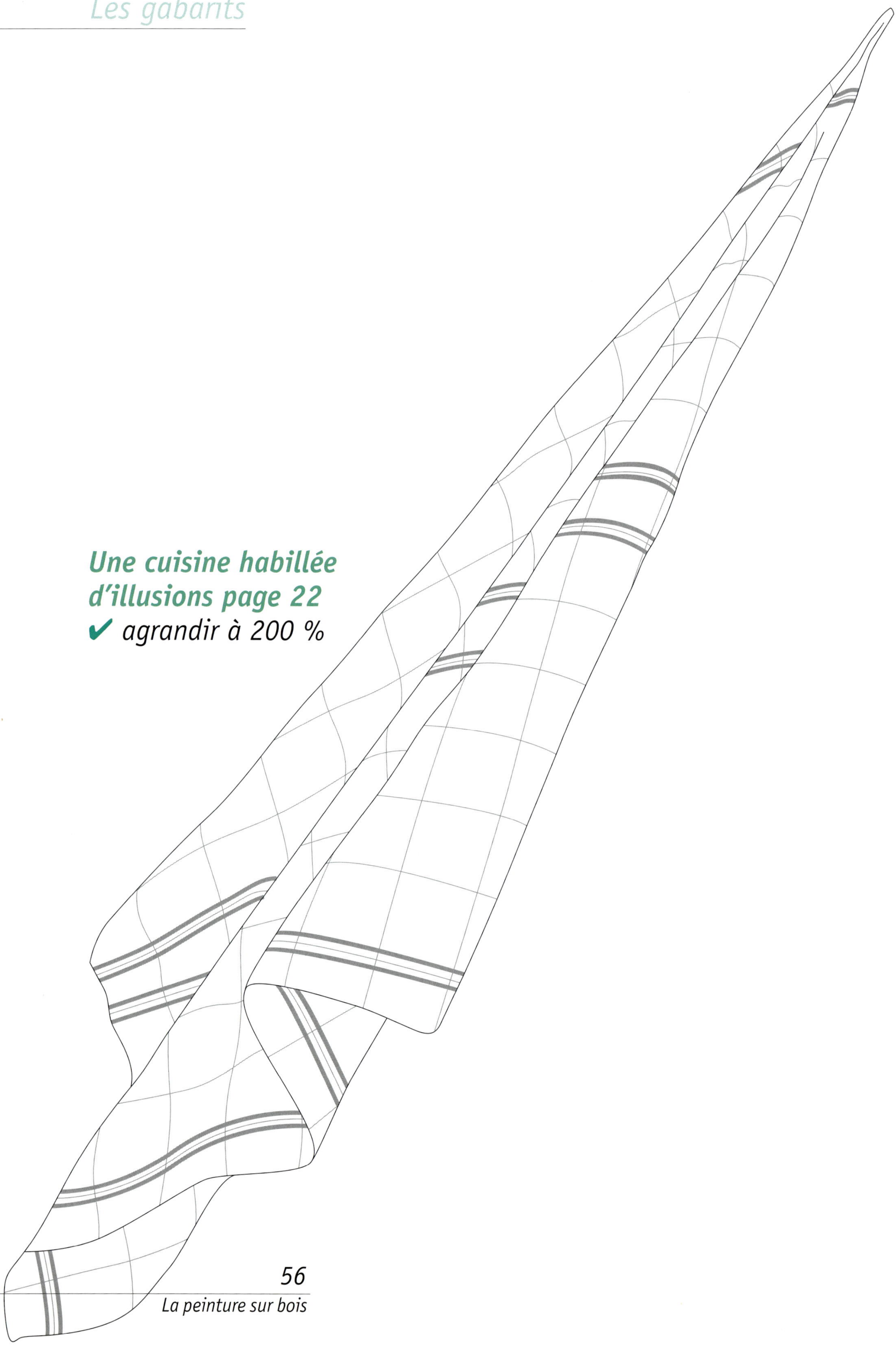

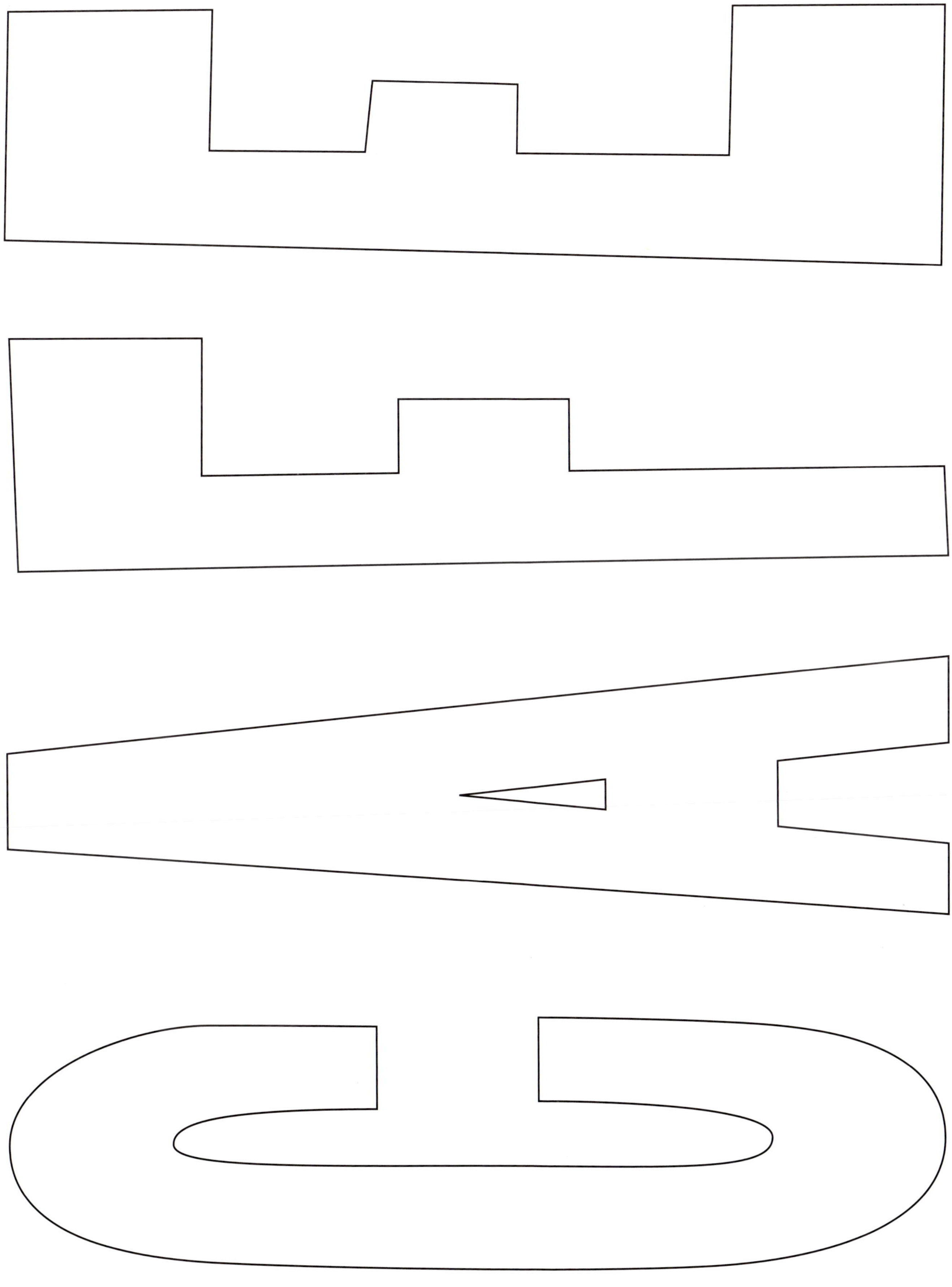

Une cuisine habillée d'illusions page 22

✔ *agrandir à 200 %*

L'ourson "douceur" page 32

✔ agrandir à 200 %

Petits tableaux bien peints page 30

✔ agrandir à 200 %

Histoire de poules
page 34

✔ *agrandir à 200 %*

Histoire de poules
page 34
✔ agrandir à 200 %

Le chat guette... page 40
✔ *agrandir à 200 %*

La nature en perspective page 42

✔ *agrandir à 200 %*

Attributs de musique page 45
✔ *agrandir à 200 %*

Les attributs de musique page 45

✔ *agrandir à 200 %*

La peinture sur bois

LES EDITIONS DE SAXE
20, rue Croix Barret
69358 Lyon Cédex 7

www.edisaxe.com

ISBN :
978-2-7565-0223-6

Imprimerie :
Loire Offset Plus - France
Directrice Générale :
Viviane Rousset
Directrice Adjointe :
Corinne Vignane
Création :
Marie Galland
Sonia Cardon
Maquette :
Franck Soulier

Extraits de Déco Inspiration n°1 et 2